숫자로 일하는 법

숫자로 일하는 법

기획부터 보고까지,
일센스 10배 높이는 숫자 활용법

노현태 지음

INFLUENTIAL
인 플 루 엔 셜

팻핑거를 아시나요

신입사원 시절 첫 보고를 하던 날이 떠오릅니다. 한 달 내내 야근하며 공들여 만든 보고서를 검토하던 선배가 물었습니다. "보고 내용을 숫자로 설명할 수 있겠어요?" 저는 그 질문을 이해할 수 없었습니다. 표와 그래프를 넣어 두꺼운 보고서를 열심히 작성했는데 숫자로 설명하라니요? 제 보고서가 너무 짧았던 것일까요? "현재 진행 수준이 어떤가요?"라고 묻는 상사의 질문에 "양호합니다."라고 대답했던 흑역사도 떠오릅니다.

그때는 왜 숫자로 말해야 하는지, 장황한 설명이나 대충 얼버무리는 말 대신 숫자 하나로 전달하는 힘이 얼마나 강력한지를 알지 못했습니다. 세월이 지나 저도 선배와 상사가 되고 업무에 익숙해지면서 일에서 숫자가 얼마나 중요한지 깨닫게 되었습니다. 조금씩 숫자를 사용하는 방법도 업그레이드되었고요.

일을 하면서 신입사원 시절의 저와 비슷한 방식으로 일하는 사람을 많이 만납니다. 신입사원뿐만 아니라 연차와 상관없이 숫자로 일하는 것이 서툰 사람이 많습니다. 일을 잘하는 것은 개개인의 능력도 중요하지만 경험의 차이도 분명 존재합니다. 수학을 잘하는 것과 일의 숫자를 잘 아는 것은 분명 차이가 있거든요. 그렇다면 숫자로 일한다는 것은 무엇을 의미할까요?

증권가에는 '팻핑거fat finger'라는 무시무시한 말이 있습니다. 그대로 번역하면 '뚱뚱한 손가락'이라는 의미로, 증권을 매매하는 과정에서 숫자를 잘못 입력해 큰 손실을 불러일으키는 실수를 말합니다.

팻핑거는 국내외를 막론하고 어마어마한 손실을 가져왔는데요, 그중 가장 대표적인 사건이 2010년 미국에서 발생한 '플래시 크래시Flash Crash'입니다. 2010년 5월, 미국의 한 투자은행에서는 직원이 매도 주문을 내면서 100만을 뜻하는 m(million) 대신 10억을 뜻하는 b(billion)를 입력하는 큰 실수를 저질렀습니다. 이 사건으로 다우존스지수가 10% 가까이 폭락해 미국뿐 아니라 전 세계 주식시장이 크게 흔들렸습니다.

우리나라에서도 2018년 '유령주식 사태'가 발생했습니다. 모 증권사 전산 담당자의 실수로 조합원들에게 1주당 1,000원의 배당금을 지급해야 하는 것을 1인당 '주식 1,000주'씩 발행한 것입니다. 그 결과, 어디에도 존재하지 않았던 주식 약 28억 주가 시장에 풀리면서 해당 증권사에서는 주가의 급변동을 제어하기 위해 '변동성 완화장치'를 일곱 차례나 발동해야 했습니다.

이처럼 숫자 하나로 기업이 곤경에 빠지거나 심하게는 파산까지 이르는 사례가 생각보다 많습니다. 앞서 살펴본 사건들처럼 대중에게 알려질 정도의 큰 실수가 아니더라도 업무에서 숫자 때문에 곤란해지는 경우는 비일비재합니다.

경중의 차이가 있을 뿐 많은 직장인이 매일 숫자 때문에 곤란한 상황을 겪습니다. 보고서 작성 시 숫자를 누락하거나 잘못된 숫자를 적는 경우, 숫자로 이야기해야 할 순간에 숫자로 이야기하지 않아 상사에게 지적을 받는 일도 흔히 일어납니다. 회의 중에 불필요한 숫자를 이야기해서 논의가 핵심에서 벗어나기도 하죠.

하지만 숫자로 인해 발생하는 실수를 방치한다면, 언젠가 숫자로 인해 곤경에 처할지도 모릅니다. 팻핑거처럼요. 일의 숫자를 생각하고, 해석하며, 만들어내는 방법을 담은 이 책이 여러분에게 작은 도움이 되기를 바라봅니다. 현실과 목표와의 차이가 0이 되는 순간까지.

2022년 7월
노현태

STEP 1	복잡한 일을 단순하게 만듭니다
	'숫자 사고력'

STEP 2 쏟아지는 자료를 효율적으로 읽습니다

'숫자 해석력'

♪13579
♪2468

STEP 3	나에게 필요한 숫자를 찾습니다
	'숫자 구성력'

| STEP **4** | **결국 당신의 의견은 빛나야 합니다**

'숫자 보고력' |

숫자가 어려운 직장인들에게

숫자는 모든 행동의 기준이다

우리가 의식하지 못할 뿐, 숫자는 이미 일상생활과 비즈니스에서 의사결정과 행동의 기준으로 중요한 역할을 하고 있습니다. 만약 사과를 구매한다면 1차 선택은 사과의 크기나 모양 등 상품성으로 하겠지만, 최종적인 구매 결정은 '가격'이라는 숫자를 고려하게 됩니다. 아무리 맛있어 보이는 사과라도 가격이 예산을 초과한다면 구매를 망설이겠죠.

그렇다면 직장에서는 어떨까요? 기업은 이윤 창출을 목적으로 하는 곳입니다. 이윤이라는 말을 풀어보면 '돈이 되는가'인데요, 이것은 결국 숫자로 표현될 수밖에 없습니다. 여러분은 다음

13

과 같은 말을 얼마나 자주 들으시나요?

🔊 그래서, 얼마나 팔릴 것 같아요?

그래서, 수익은 얼마나 될까요?

그래서, 생산량은 얼마나 늘릴 수 있죠?

그래서, 기대 효과는 어느 정도일까요?

그래서, 언제까지(몇 시까지) 완료할 수 있을까요?

그래서, 목표 대비 현재 수준은 어떻게 되나요?

산업군이나 직무에 따라 세부 용어는 달라지겠지만, 이러한 질문이 가리키는 것은 하나입니다. 돈이나 이익 현황을 숫자로 표현하라는 것. 비즈니스에서 모든 의사결정과 행동은 이윤 창출을 기반으로 이루어지기 때문입니다. 어중간한 수식어로 이야기해서는 반복된 질문을 받을 수밖에 없습니다.

회식 준비조차 참석 가능한 인원수부터 예약 시간, 예산까지 모두 숫자로 정리해야 합니다. 하물며 자신의 업무 성과나 상태를 숫자로 표현하지 못한다면, 일을 진행하기 어렵겠죠. 설령 일이 진행되더라도 그 과정은 가시밭길일 것입니다. 비즈니스의 모든 것은 숫자로 통한다는 것을 명심하고, 숫자에 능수능란한 사람이 되어야 합니다.

영어는 어려워도 숫자는 모두 알잖아요

전 세계 인구 72억 명 중 3분의 2는 중국어, 힌디어, 영어 등 주요 12개 언어를 모국어로 사용하지만, 지구상에는 무려 7,102개의 언어가 있습니다. 이렇게 많은 언어가 있음에도 우리가 다른 언어의 사용자들과 소통할 수 있는 이유는 공통어가 있기 때문입니다.

공통어는 언어가 서로 다른 나라 사이의 의사소통에 사용되는 언어로, 중세의 라틴어나 현대의 영어가 그것이지요. 해외여행이나 글로벌 비즈니스 상황에서 공통어를 사용하면 원활한 의사소통이 가능합니다.

그런데 저는 공통어를 능가하는 의사소통 수단이 있다고 생각합니다. 그것은 바로 숫자입니다. 해외에서 물건을 살 때 어떻게 하시나요? 유창한 외국어 실력을 갖추고 있다면 문제가 없겠지만, 그렇지 않다면 손가락으로 숫자를 표시해 가격을 흥정하거나 계산기에 원하는 가격을 입력해 거래를 성사합니다.

숫자는 누구에게나 똑같은 의미와 가치를 부여하기 때문에 '대표성'이 있습니다. 모호함을 없애고, 사실을 있는 그대로 보여주는 힘이 있습니다. 소프트뱅크의 손정의 회장이 진행하는 프레젠테이션은 뛰어난 전달력으로 명성이 높습니다. 슬라이드 한

15

장에 메시지를 한 가지만 담아 내용이 명확하기 때문입니다.

그는 2019년 열린 기업 설명회에서 그룹이 보유한 주주가치를 설명하기 위해 슬라이드에 '27-4=23'이라는 식을 크게 적었습니다. 소프트뱅크의 총 보유 주식인 27조 엔에서 4조 엔의 순부채를 빼면 주주가치는 23조 엔이 된다는 의미였습니다. 경영 회계는 수십 장의 슬라이드에 빼곡히 적어도 설명하기 어려운 복잡한 개념입니다. 이를 단 한 줄로 표현하고 설명회에 참석한 누구나 이해하기 쉽도록 설명한 손정의 회장의 숫자 감각은 혀를 내두를 정도입니다.

글로벌 기업뿐 아니라 실제 업무에서도 숫자가 가진 효용은 별반 다르지 않습니다. 숫자가 포함된 의견은 명확하고 설득력이 있습니다. 자, 여러분이 상사에게 손흥민 선수에 관해 보고한다고 가정해봅시다. 다음의 두 가지 안 중, 상사는 어떤 내용에 집중할까요?

A안　손흥민은 대체 불가능한 세계 최고의 선수다.

B안　손흥민은 국가대표 가운데 A매치를 100경기 이상 뛴
16번째 선수로 선발로는 총 82회 출전했으며
32골 및 51회의 승리를 기록했다.

프레젠테이션의 달인 스티브 잡스는 생전에 프레젠테이션 시 숫자에 옷을 입히라고 말했습니다. 적절한 비유를 들어 숫자로 설득하라는 의미로, 프레젠테이션이나 소통에서 숫자의 중요성을 이야기한 것입니다.

일의 시작과 끝에는 반드시 숫자가 있다

회사에 출근하면 다양한 문제가 담당자의 해결을 기다립니다. 일한다는 것은 이러한 문제를 해결한다는 의미와 같습니다. 기업은 이로써 새로운 가치를 창출하지요. 새로운 제품과 서비스를 만들어내는 것은 바로 그 결과물입니다. 덕분에 소비자는 더 저렴하고, 더 편리하며, 더 보기 좋은 제품과 서비스를 이용하게 됩니다.

업무 중 발생한 문제를 해결하기 위해서는 먼저 '문제의 성격'을 파악해야 합니다. 문제의 크기나 범위부터 해당 업무를 언제까지 처리할 것인지까지 해결해야 하는 문제의 대부분은 숫자로 간단하게 정리할 수 있습니다.

우치다 오사무는 《품질 경영 테크닉 75》라는 책에서 0이라는 숫자를 기준으로 문제를 제로 문제, 저감 문제, 증가 문제로 나뉘 설명합니다. 문제란 발생하지 않을수록 좋은 것이니 0을 기준으로 분류한 것입니다.

문제의 성격에 따른 분류

	정의	사례
제로 문제	목표치가 0에 수렴할수록 좋다. (0이 이상적)	불량률, 감염률, 사고 발생 건수 등
저감 문제	목표치가 작을수록 좋다. (0은 불가능)	원가, 구매 비용, 대기 시간 등
증가 문제	목표치가 클수록 좋다.	매출액, 설비가동률, 보급률 등

경영학의 구루라고 불리는 미국의 경영학자 피터 드러커는 "측정할 수 없으면 관리할 수 없다. 관리할 수 없으면 개선할 수 없다."라고 말했습니다. 모든 직업은 현 상태를 수치화하는 것에서 출발합니다. 그래야 문제가 무엇이고, 그 수준이 어떤지 파악해 대책을 세울 수 있습니다.

몇 년 전 저는 건강상의 이유로 체중을 12kg 정도 감량한 경험이 있습니다. 이때 식이요법과 운동을 병행한 뒤, 인바디로 체성분을 측정해 근육량과 지방량의 변화를 확인했습니다. '지방 25% 감소, 근육 10% 증가'라는 목표대로 체성분 변화가 잘 이루어졌는지 수치로 체크한 것이죠.

회사에서도 마찬가지입니다. 문제에 직면했을 때는 현 상황을 숫자로 정리하는 일부터 시작하세요. 문제를 수치화하면, 목표와의 차이를 파악해 그 수준을 진단할 수 있습니다. 그리고 차이를 하나씩 하나씩 좁혀나가면 됩니다.

업무에 등장하는 수많은 숫자 때문에 길을 잃은 당신,
무엇이 문제인지조차 모르겠다면
지금 상황을 숫자로 정리해보세요.
숫자들 뒤에 가려져 있던 문제의 핵심이
선명하게 보일 겁니다.

STEP
1

복잡한 일을
단순하게 만듭니다

 숫자 사고력 →

1

먼저 문제가 무엇인지
정확히 알아야 한다

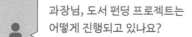

과장님, 도서 펀딩 프로젝트는
어떻게 진행되고 있나요?

펀딩 오픈한 지 이제 열흘 지났고 목표 금액이
모이는 속도도 현재까진 나쁘지 않습니다.

목표 금액 대비 얼마가 모였는지
구체적으로 알려줄 수 있나요?
펀딩 종료일은 언제로 예상하나요?

목표 금액의 80% 정도가 모였습니다.
이 추세가 이어진다면 3주 안으로
펀딩을 종료하고 제품을 발주할 수 있습니다.

＊ 현상이 현재의 모습을 나타내는 것이라면, 목표는 이루고자 하는 모습입니다. 현상과 목표의 차이가 '문제'이며 그 차이를 좁혀가는 것을 우리는 '문제 해결'이라고 부릅니다. 현상과 목표는 수치화할 수 있습니다. 이 두 가지를 수치화할 수 없다면, 문제도 수치화할 수 없습니다. 그럼 결국 문제를 개선하거나 해결하기가 어려워집니다.

'객관적이지 못하다.'라는 말은 어떤 의미일까요? 예를 들어, 시제품 자동차를 보고 "멋지지 않다."라고 표현한다면 개선의 여지가 현저하게 줄어듭니다. 누군가는 동의할 수 있지만, 누군가는 동의하기 어려운 주관적인 표현이기 때문입니다.

반면 "전장이 5,000mm라 날렵한 모습이나, 전폭이 1,600mm, 전고가 1,580mm라 투박하고 균형이 맞지 않는 모습이다."라고 표현한다면 어떤가요. 차체 길이나 비율을 조정해 소비자가 선

그림으로 보는 자동차 제원

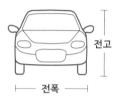

축거: 앞바퀴의 중심점과 뒷바퀴의 중심점 거리
전장: 자동차의 앞쪽 끝에서 뒤쪽 끝부분까지의 수평 길이
전폭: 자동차의 백미러를 제외한 가로 폭이 가장 넓은 수평 폭
전고: 자동차의 접지면으로부터 가장 높은 부분까지의 높이

호하는 최적의 모양으로 재설계함으로써 문제를 해결할 수 있을 것입니다. 실제로 자동차 업계에서는 제품을 설계할 때 인간의 감성을 반영하는 감성공학을 이용해 핵심 소비층이 선호하는 자동차를 만든다고 합니다.

예를 들어, 어린아이가 있는 가족이 타는 '중형차'를 디자인한다는 목표를 가정해봅시다. 주 소비층은 뒷좌석에 카시트를 설치할 가능성을 염두에 두고 내부 공간이 넓은 자동차를 사고 싶어 할 것입니다. 또한 아이를 태워야 하므로 안전성이 좋은지도 살피겠죠.

탑승자에게 확보되는 공간은 넓고 승차감이 좋으면서 차종은 중형차라는 목표를 어떻게 수치화할 수 있을까요? 먼저 실내 공간을 넉넉히 확보하려면 앞바퀴의 중심점과 뒷바퀴의 중심점 거리인 '축거'를 기준으로 삼으면 됩니다. 축거가 길수록 차량의 길이가 길어지기 때문에 실내 공간이 여유롭고 주행 안정성이나 승차감이 높아집니다.

그렇다면 '중형차'의 기준은 무엇일까요? 우리나라의 승용차는 배기량에 따라 경차(배기량 1,000cc 미만), 소형차(배기량 1,600cc 미만), 중형차(배기량 2,000cc 미만), 대형차(배기량 2,000cc 이상)로 분류하고 있습니다. 중형차를 만든다면 배기량을 1,600cc 이상, 2,000cc 미만으로 고려하면 될 것입니다.

일을 하다보면 현상은 대부분 정확하게 파악하지만, 목표를 혼동하는 경우가 종종 찾아옵니다. 비슷한 목표가 혼재하거나 시기별로 목표가 변경되는 등 다양한 이유가 있겠지만, 목표와 현상, 그리고 그 차이를 정확히 아는 것이 일의 시작이자 문제 해결의 출발점이라는 점을 잊지 마세요.

2 집중해야 할 숫자를 파악한다

이제 창업한 지 3개월이 되어가는데,
예상대로 매출이 증가하고 있을까요?

매출이 조금씩 늘어나는 것 같아요.

그렇다면 지난달 대비 이번 달 매출이
몇 퍼센트 증가했나요?
그리고 이번 달 매출 목표와
금주 매출 목표를 알고 계신 분 있나요?

…….

＊ 봐야 할 숫자는 넘쳐나는데 어떤 숫자에 집중해야 할지 막막한가요? 며칠 동안 고민하며 회의 자료를 정리했음에도 보고 때만 되면 상사의 질문에 제대로 답변하지 못해 당황한 경험이 누구나 있을 텐데요. 알고 있었던 내용이지만 답하지 못한 경우도, 미처 준비하지 못한 경우도 있을 것입니다.

이렇게 말문이 막히는 질문은 대부분 '구체적인 숫자'를 묻는 질문입니다. 의견이나 생각을 물을 때는 경험이나 논리적 사고로 임기응변이 가능하지만, 숫자를 물을 때는 정확한 값을 모르면 대답하기가 어렵습니다. 그렇다고 업무와 관련된 모든 숫자를 파악하는 것도 결코 쉬운 일은 아닙니다. 숫자의 양도 많거니와 시시각각 수치가 변경되기 때문입니다.

직장생활에서 가장 집중해야 할 숫자는 '목표'입니다. 목표에는 회사의 운영을 위한 최소한의 목표인 경영 목표가 있고, 이를 뛰어넘어 성장을 도모하는 도전 목표가 있습니다. 이러한 목표는 마케팅, 생산, 영업 등 부서별로 세부 사항이 달라집니다. 각 부문별 목표들은 1월부터 12월까지 월별 목표로 나뉘기도 합니다.

이렇게 하나의 상위 목표에 따라 변경되는 하위 목표가 많다 보니 모든 수치를 알고 대답한다는 것은 불가능에 가깝습니다. 이럴 때는 중요한 숫자부터 파악하는 패턴을 만들어야 합니다.

직장인이 알아야 할 목표와 실적(현재 목표)에서 중요한 숫자는 무엇일까요? 최종 목표(되고자 하는 모습)와 현재 목표(되어 있어야 하는 모습) 두 가지는 반드시 알고 있어야 합니다. 버스 기사가 현재 정차한 정거장이 어딘지 모른 채 운전한다면 승객들은 얼마나 불안할까요?

직장인도 마찬가지입니다. 담당자에게 업무의 목표를 물었는데 제대로 답하지 못한다면 질문자는 당황스러울 것입니다. 맡은 바 업무를 열심히 수행하는 것도 좋지만, 최종 목표를 모른 채 열심히만 하는 것은 의미가 없습니다. 그리고 이를 위한 현시점의 목표인 실적도 반드시 알고 있어야 합니다. 목표대로 업무가 수행되고 있는가를 점검할 수 있기 때문이죠.

저는 실적과 목표를 '시간의 흐름'에 따라 점검합니다. 현재 실적을 우선 확인하고, 해당 시점의 목표와 최종 목표를 차례로 확인하는 겁니다. 이렇게 하면서 현재의 실적이 미달이거나 초과

달성 상태라면, 그 원인이 일시적 현상인지 구조적 현상인지를 구분해 대책을 마련해나갑니다. 이로써 정확한 목표 달성에 한 걸음 더 다가갈 수 있습니다.

실적과 목표를 시간의 흐름으로 점검하기 위해 구체적으로 어떤 계획을 세워야 할까요? '윗몸일으키기'로 예를 들어 보겠습니다. 현재는 1분당 25개를 할 수 있는 상황입니다. 4주의 목표 기간을 설정하고 1분당 50개를 하는 최종 목표를 세웠다고 가정합시다. 4주 동안 늘려야 하는 개수는 25개이며, 3주 동안 각각 6회씩 늘리고 마지막 한 주만 7회를 늘리는 계획을 세웠습니다. 시간으로 따지면 현재는 1초당 0.4개를 하면 되지만, 목표를 달성하려면 1초당 0.8개를 해내야 합니다.

1주 간격으로 현재 목표를 실행하면, 4주 동안 4회의 실적을 점검하게 됩니다. 실적 점검 시 미흡한 부분이 발생하더라도 4회의 조정 기간을 거쳐 충분히 대응할 수 있습니다.

일을 하면서 넘쳐나는 모든 숫자를 파악하기란 현실적으로 어렵습니다. 그럴 때는 '실적과 목표'라는 중요한 숫자에 먼저 집중해보는 것은 어떨까요?

3

문제의 원인을
논리로 찾아낸다

MON, 10:20

 선배님, 큰일 났습니다. 오전 10시부터
생산라인에서 품질 불량이 발생하고 있습니다.

 우선 불량이 어디에서 발생하는지 의심되는 설비의
가동을 중단하고, 왜 문제가 생겼는지 파악해서
해결책을 찾아봅시다.

 네, 일단 생산라인 가동을 멈출까요?

 그렇게라도 해서 시간을 벌어보죠.
생산 기한까지 시간이 얼마나 남아 있죠?

＊ 회사에는 많은 문제가 있고, 일을 한다는 것은 그런 문제들을 파악하고 해결해나가는 것입니다. 문제를 해결하려면 논리적으로 사고해야 합니다. 문제 해결의 방법은 크게 두 가지로 생각할 수 있습니다.

첫 번째는 임시적 해결입니다. 말 그대로 응급조치인데요, 비즈니스 용어로는 '퀵 픽스Quick-Fix'라고 부릅니다. 문제가 더는 악화되지 않도록 근본적인 해결책을 수립하기까지 일시적으로 급한 상황만 해결하는 대응방식입니다.

만약 지붕에서 물이 새고 있다면 물이 떨어지는 지점에 양동이를 놓아 다른 곳으로 흐르지 않게 하거나 수시로 양동이를 교체하며 넘치지 않도록 하는 것이 임시적 해결입니다. 그런데 이렇게 한다고 물이 새는 것을 완전히 멈출 수는 없습니다.

두 번째는 '논리적 사고'를 통한 근본적 해결입니다. 비즈니스 용어로는 '슬로우 픽스$^{Slow-Fix}$'라고 하는데요, 문제의 발생 원인을 찾아내는 것이 해결의 출발점입니다. '왜'라는 질문에 '왜냐하면'으로 시작하는 답을 할 수 있다는 뜻이기도 합니다.

논리는 상대방을 쉽게 설득하기 위한 근거입니다. 예를 들어, 20대를 공략하는 마케팅 전략을 만든다고 가정해봅시다. 마케팅팀에서 20대가 선호하는 유튜브나 소셜미디어를 홍보 매체로 선택할 것을 예상했는데, 최종적으로 신문을 채택했다면 이는 잘못된 선택일까요? 그렇지 않습니다. 만약 20대가 선호하는 특정 신문이 있다면 이야기가 달라질 것입니다.

중국 법인에서 근무할 당시 상황을 자세히 살펴보겠습니다. 저의 담당 업무 중 하나는 반도체의 얇은 판인 웨이퍼^{wafer}를 생산라인에 투입할지 결정하고 생산량을 조정하는 것이었습니다. 어느 날, 같은 업무를 담당하는 현지 직원에게 이전에 지시했던 사항을 급히 변경해야 하는 경우가 생겼습니다. 2주 전에는 B제품만 500개를 생산하도록 전달했는데, 이번 주에 먼저 A제품을 300개 생산하는 것으로 계획을 수정해야 했습니다.

빈번하게 발생하는 이슈가 아니었기에 논리적으로 이유를 설명해야 했습니다. 당시 문제 해결을 위해 제가 적용한 프로세스를 논리적으로 살펴보면 다음과 같습니다.

이슈: 제품믹스의 변경

① 변경된 제품믹스에 대응이 가능한지 확인한다.

② 제품의 재공과 리드타임을 확인한다.

③ 변경된 제품믹스를 기준으로, 제품별 재공 기준을 비교한다.

▶ 현재재공 > 필요재공: 현재 투입계획 유지

▶ 현재재공 < 필요재공: 현재 투입계획 증대

* 제품믹스: 생산/판매 제품의 배합
* 재공: 공장에서 생산 중인 물품
* 리드타임: 생산 발주부터 제품화되어 완성되기까지의 시간

문제가 발생했을 때 논리적으로 사고하면 어려운 문제도 쉽게 해결할 수 있습니다. 일상 업무에도 논리적 사고는 유용합니다. 같은 일을 지시받았을 때 논리적으로 접근하는 직원과 그렇지 않은 직원은 일을 처리하는 과정에서 차이가 발생할 수밖에 없습니다.

어느 식품회사 홍보팀 팀장은 A대리와 B대리에게 경쟁사 견과류 판매량을 따라잡기 위한 홍보 계획을 수립하라고 지시했습니다. 두 직원은 다음과 같은 업무안을 계획했습니다.

A대리는 홍보 계획부터 수립합니다. 홍보 이벤트와 광고, 할인 행사 등을 기획합니다. 반면 B대리는 현재 자사 제품의 판매량·

A대리의 홍보안	B대리의 홍보안
☐ 홍보 계획 수립	☐ 분석
- 온라인 이벤트 기획	- 시장 및 경쟁사
- 오프라인 행사 기획	☐ 문제점 파악
- 광고 매체 리스트 작성	- 자사의 기존 홍보안
☐ 홍보 일정	- 개선 가능 범위
☐ 홍보 효과 예측	☐ 문제 해결 방안 수립
	- 제품 전략
	- 홍보 계획
	- 예산 점검

구매자·구매처 등을 분석하고, 문제점을 파악한 후 경쟁사의 판매량을 목표로 세워 해결책을 가시화하기로 합니다. B대리는 경쟁사 분석으로 경쟁사의 판매량이 자사보다 5~10% 정도 높고, 신제품의 매출 비중이 낮은 점, 주 고객층이 40~50대고 주로 오프라인 매장에서 제품을 구매한다는 것을 확인합니다. B대리는 이를 통해 경쟁사가 놓치고 있는 20~30대 타깃의 세련된 패키징과 소셜 미디어에 집중한 홍보 계획을 수립합니다.

A대리와 B대리 사이의 가장 큰 차이는 무엇일까요? 그것은 '논리의 유무'입니다. A대리에게는 홍보 계획의 목표와 실행해야 할 타당한 근거가 없으므로 홍보팀장을 설득하기 어려울 것입니다. 설령 A대리의 홍보안이 채택된다 해도, 실제 효과가 있을지는 확신하기가 어렵습니다. 이에 반해 B대리의 홍보 계획은 객관화된 수치와 타당한 근거를 바탕으로 수립되었으므로 실행 방안으로 채택될 가능성이 높습니다.

아무리 뛰어난 아이디어가 있다고 해도 이를 뒷받침할 시장 조사와 실행 방법이 존재하지 않는다면 채택되기 어려울 것입니다. 이처럼 논리는 문제의 원인을 찾거나 해결 방법을 찾는 등 일에서는 빠질 수 없는 필수 요소입니다.

4 투자 대비 효과를 생각한다

 이번에 출시된 신제품은 제조원가가 높아 가격으로 인한 진입장벽이 높다는 부담이 있네요.

 왜 이렇게 고스펙이 된 거예요?

 제품의 타깃인 MZ 세대가 프리미엄 제품에 지갑을 연다는 분석이 있었어요.

 그렇군요. 그렇다면 가격대를 어떻게 설정해야 이익도 남고 소비자의 부담도 줄일 수 있을까요?

＊ 회사에서 문제를 해결할 때는 반드시 고려해야 할 사항이 있습니다. 손실이 없고, 이익이 발생하는 해결책이어야 한다는 것입니다. 일을 한다는 것은 문제를 해결하는 것이지만, 일을 잘한다는 것은 이익을 내면서 문제를 해결하는 것입니다.

A대리는 최근 6개월간 매출이 지속 감소하는 K유모차의 판매 증대를 고민 중입니다. 이 제품은 중저가 가격대에서 독보적인 위치로 흔들림 없는 판매량을 유지하고 있었는데, 경쟁사에서 더 저렴한 제품이 출시된 이후 매출이 떨어지고 있습니다. 더욱이 이번 달부터는 목표 판매량에도 미달하고 있습니다. 어떻게 해야 판매량을 다시 회복할 수 있을까요?

경쟁사 제품 수준으로 가격을 조정하면 브랜드 인지도 면에서 우위에 있는 K유모차의 매출은 회복될 확률이 높습니다. 하지만 이 경우 개당 판매 이익에서 손실이 발생하게 됩니다.

비즈니스 세계에서는 이렇게 손실을 감수하면서 판매를 감행해야 하는 상황도 물론 존재합니다. 하지만 최우선 과제는 문제 해결과 동시에 이익이 창출되는 방향을 고민하는 것입니다.

회사의 수익은 민감한 주제입니다. 이익을 내지 못하는 적자 상태가 계속되면 구조조정, 임금 동결 등 극단적인 상황이 발생하기 때문입니다. 그렇다면 회사의 이익은 어떻게 발생할까요? 이것은 직원들이 일을 하면서 발생시키는 이익의 합과 같습니다. 문제 해결로 이익을 내는 활동이 쌓여 회사 전체의 이익이 됩니다. 이익을 계산하는 습관(사고)이 필요한 이유입니다.

이익을 계산하는 가장 간단한 방법으로는 '투자(투입) 대비 효과'가 있습니다. 내가 지금 투자하는 것이 얼마만큼의 이익을 낼 수 있는지를 생각해보는 것입니다.

A비즈니스는 연간 300억 원의 매출과 60억 원의 이익을 발생시킵니다. B비즈니스는 연간 100억 원의 매출과 30억 원의 이익을 발생시킵니다. 매출과 이익의 규모로만 판단하면 A비즈니스에 투자를 확대하는 것이 맞는 것 같습니다. 정말 그럴까요? 각각의 비즈니스에 투입되는 투자 대비 비용을 고려하면 생각이 달라질 것입니다. 비즈니스를 유지하려면 A에는 연 30억 원, B에는 연 5억 원의 비용이 투입됩니다.

이렇게 투자 대비 효과를 비교하면, A비즈니스보다 B비즈니스

투자 대비 효과 비교

	A	B
연간 매출	300억	100억
이익	60억	30억
투자	30억	5억
투자금(1억) 대비 이익	2억	6억

(단위: 원)

의 투자 효과가 더 크다는 결론이 나옵니다. 이로써 회사의 자원을 어느 비즈니스에 더 할당하는 것이 바람직한지 고민해볼 수 있습니다.

직장에서 업무를 진행할 때에도 별반 다르지 않습니다. 늘 하던 일이라도 투자 대비 효과를 고려해 한정된 자원을 어디에 투입하는 것이 이익을 극대화하는지 판단할 수 있습니다. 이러한 판단은 업무를 시작하기 전에 이 일이 얼마나 중요한지, 꼭 해야 하는 일인지를 정하는 기준이 됩니다. 경영학에는 이를 'ROI (Return On Investment, 투자자본수익률)'라는 개념으로 설명합니다.

한정된 자원을 '업무 시간'이라고 보고 이익을 '업무의 성과'라고 본다면, ROI가 작다는 것은 투입한 시간 대비 업무의 성과가 미미하다는 뜻입니다. 반면 ROI가 크다는 것은 투입한 시간 대

$$ROI = \frac{\text{Return(이익)}}{\text{Investment(한정된 자원)}}$$

비 업무의 성과가 훌륭하다는 뜻이죠. ROI가 클수록 '내가 한 일의 효율성이 높다.'라는 것을 파악할 수 있습니다.

모든 일의 ROI를 높일 수는 없으므로 우리는 숫자 사고력을 높여 일정을 효율적으로 계획해야 합니다. 목표를 수치화함으로써 집중할 숫자를 찾았다면, 이제 일의 우선순위를 정할 때입니다. 중요도가 낮은 일은 한정된 시간을 적게 투입해 ROI를 높이고, 중요도가 높은 업무에 시간을 더 투입할 수 있습니다. 투입되는 시간을 조절할 수 없는 경우에는 성과를 최대로 끌어올리는 업무 방식을 모색해야 합니다.

정해진 업무 시간 안에 효율적으로 일정을 계획해 맡은 일을 깔끔하게 처리하고 싶지 않은 직장인이 있을까요? 늘 하던 일이라도 이익을 먼저 생각하고, 내가 하는 일의 투입 대비 효과는 얼마인지 산출해보면서, 더 많은 이익을 발생시키는 방향으로 업무를 관리해보세요. 매순간 투입 대비 효과를 생각한다면 여러분의 업무 목표는 반드시 이루어질 것입니다.

비즈니스 세계에서는 손실을 감수하면서
문제를 해결해야 하는 상황도 존재합니다.
하지만 우리의 최우선 과제는
문제 해결과 동시에 이익이 창출되는 방향을
고민하는 것입니다.

5

정의, 논리, 효과의
3요소가 일의 핵심이다

이번 마케팅 효과를 숫자로 파악했는데,
막상 설명하려니 어려웠어요.

효과를 수치화한 건 잘했는데,
어떤 점이 어려웠어요?

전달과 설득이 잘 안 됐다고 할까요.
말이 꼬여 중언부언했어요.

저도 수치를 말로 설명하는 일이 늘 어려워요.
이를 제대로 설명하려면 숫자에 담겨 있는 의미를
정확히 아는 게 중요해요.

＊ 우리는 자신이 말하는 내용을 얼마나 정확하게 알고 있을까요? 정확히 안다는 것이 모든 것을 안다는 뜻은 아닙니다. 핵심을 파악하고 있으면 세부 사항은 유추나 예측이 가능하기 때문입니다. 그렇다면 구체적으로 정확히 안다는 것은 무엇을 뜻하는 걸까요? 바로 다음 세 가지 핵심 사항을 알고 있다는 것입니다.

첫 번째는 '정의'입니다. 즉, 말하는 대상이 무엇인지를 아는 것입니다. 스스로 깊이 생각하거나 공부하지 않고, 주변에서 듣고 보았기 때문에 잘 알고 있다고 착각하는 경우가 많습니다. 정의를 모호하게 파악하고 있으면 상대방의 질문에서 한 발짝도 앞으로 나갈 수가 없습니다.

두 번째는 '논리'입니다. 즉, 말하는 대상의 논리를 아는 것입니다. 논리란 구성 요소 간의 인과관계입니다. 논리를 이해하면

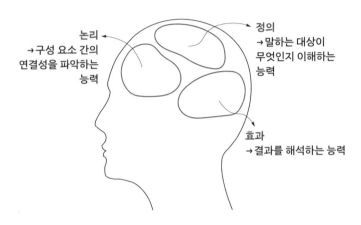

숫자로 사고하는 3가지 핵심

논리
→구성 요소 간의
연결성을 파악하는
능력

정의
→말하는 대상이
무엇인지 이해하는
능력

효과
→결과를 해석하는 능력

A와 B, C의 관계가 왜 그럴 수밖에 없는지 그 당위성을 설명할 수 있는 것이지요. '왜'는 결국 근거를 묻는 질문인데요, 목표 달성을 위한 선결 조건인 B, C라는 논리를 알면 상대방의 '왜'라는 질문에도 설명할 수 있습니다.

세 번째는 '효과'입니다. 즉, 자신의 설명이 어떤 효과를 불러일으키는지를 아는 것입니다. 이윤 창출·일정 단축·비용 감소 등과 같이 긍정적인 효과를 아는 것은 물론, 부정적인 효과나 이면에 감춰진 부작용을 파악하는 것도 중요합니다.

이 세 가지를 바탕으로 다음의 문장을 살펴보겠습니다.

삼성전자의 영업이익은 51조 6339억 원입니다.(2021년 기준)

이 문장을 말하는 사람이라면 구체적으로 어떤 내용을 알고 있어야 할까요? 먼저 '영업이익'이라는 용어의 의미를 정확히 알아야 합니다. 영업이익이란 기업의 영업 활동에 따라 발생한 이익입니다. 그다음은 영업이익의 논리를 알아야 합니다. 영업이익은 매출액에서 매출원가를 빼고 얻은 매출 총이익에서 일반관리비와 판매비를 뺀 순이익을 말합니다.

영업이익 = 매출액 - 매출원가 - (관리비 + 판매비)

마지막으로 영업이익의 효과를 알아야 합니다. 영업이익이 높다는 것은 회사가 영업 활동에서 효과를 거둬 돈을 잘 벌었다는 뜻으로, 성능·가격·품질 등에서 제품 경쟁력이 있다는 의미입니다. 영업이익이 발생하면, 기업의 자본이 증가해 연구개발·설비 투자·인력채용 등의 미래 투자 여건이 마련될 수 있습니다.

숫자로 일하는 이유는 정확히 일하기 위함입니다. 숫자를 말하면서 그것이 어떤 의미인지, 어떤 논리 관계나 영향이 있는지 설명할 수 없으면 안 되겠죠. 다음 장을 통해 정의, 논리, 효과를 구체적으로 살펴보겠습니다.

6

용어의 의미를 정확히 이해한다

팀장님, 저 이번에 차 새로 바꾸려고요.

오, 사고 싶은 차종을 정했나요?

배기량이 좋은 SUV로 알아볼까 해요.

배기량? 그게 정확히 뭔가요?

음…… 배기량이 많으면 보통 큰 차 아닌가요?

그럼 SUV는 뭔지 알고 있나요?

글쎄요……. 그것도 잘…….

※ 가장 먼저 해야 할 일은 정의를 정확히 이해하는 것입니다. 즉, 말하는 대상을 명확히 파악해야 합니다. 자주 듣거나 봐서 익숙한 것들을 잘 알고 있다고 착각하죠. 그렇지만 막연하게 아는 것은 설명할 수 없으므로 모르는 것과 별반 다르지 않습니다.

여러분은 자동차를 구매할 때, 어떤 점을 확인하고 결정하시나요? 자동차는 한번 구매하면 10년 가까이 사용하기도 하거니와 고가의 제품이라 구매 시 여러 사항을 고려해야 합니다. 물론 지불 가능한 가격대에 따라 선택의 폭이 크게 줄어들기는 합니다만, 자동차 제원을 한 번 정도는 확인할 겁니다.

다음의 표는 현대자동차 홈페이지에 등록된 '2021년식 그랜저'의 제원입니다. 항목별 수치들이 어떤 의미인지 이해하셨나요? 각각의 제원들은 숫자도 복잡하지만, 각 항목이 무엇을 의미

현대차 2021년식 그랜저 제원

분류	스마트스트림 가솔린 2.5	가솔린 3.3	LPi 3.0
전장(mm)	4,990	4,990	4,990
전폭(mm)	1,875	1,875	1,875
전고(mm)	1,470	1,470	1,470
축거(mm)	2,885	2,885	2,885
윤거 전(mm)	1,612(17") / 1,607(18") / 1,602(19")	1,607(18") / 1,602(19")	1,612(17") / 1,607(18") / 1,602(19")
윤거 후(mm)	1,620(17") / 1,615(18") / 1,610(19")	1,615(18") / 1,610(19")	1,620(17") / 1,615(18") / 1,610(19")
엔진 형식	Smartstream G2.5	GDi	LPi
배기량(cc)	2,497	3,342	2,999
최고출력 (PS/rpm)	198 / 6,100	290 / 6,400	235 / 6,000
최대토크 (kgf·m/rpm)	25.3 / 4,000	35.0 / 5,200	28.6 / 4,500
연료탱크 용량 (ℓ)	70	70	64 (80% 충전 기준)
트렁크 용량 (ℓ, VDA)	515	515	360

하는지 모르면 이해하기가 더욱 어렵습니다. 제원표를 읽기 위해서는 배기량·최고출력·연비 등의 정의를 정확히 알아야 합니다.

일례로 배기량은 '엔진이 낼 수 있는 힘의 한계'를 뜻합니다. 자동차는 엔진 실린더 내부에서 연료와 공기를 혼합해 폭발시키고 여기서 발생한 에너지를 이용해 움직입니다. 이 과정에서 발생하는 기체의 양이 배기량(cc)입니다.

엔진의 크기가 배기량과 직결되는 만큼 배기량이 커질수록 차체도 커질 수밖에 없습니다. 그래서 일반적으로 '배기량이 크면 차가 크다.'라고 하는 것이며 '배기량이 크면 차 힘이 좋다.'라고 할 수 있습니다. "자동차의 배기량이 2,000cc입니다."라는 말이 정확히 어떤 의미인지 이제 아시겠죠?

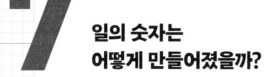

7

일의 숫자는 어떻게 만들어졌을까?

MON, 16:30

이번에 우리 팀에서 새로운 KPI를 만들어서 판매 모니터링을 강화하기로 했다면서요.

네, 세일즈 인덱스(Sales-Index)입니다. 금주는 94점이에요.

세일즈 인덱스는 어떻게 산출되나요?

그건 잘…….

＊ 물건의 가격이 인상되면 어떤 생각이 드시나요? 저는 어떤 요인으로 가격이 올랐을까를 생각해봅니다. 가격은 생산부터 관리, 유통 등의 각종 비용과 기대 수요에 따른 이익을 고려해 결정되는데, 이 중 무엇 때문에 가격이 오른 것인지 추측해보는 것이죠.

2021년 8월, 라면 가격이 평균 6.8% 인상되었습니다. 농심 신라면은 676원에서 736원(7.6%)으로 인상되었는데요, 주요인은 밀가루의 원재료인 소맥과 식용유의 한 종류인 팜유 등의 원재료 가격이 상승했기 때문입니다.

즉석밥 역시 같은 이유로 가격이 올랐습니다. 제조 시 사용되는 포장 용기와 비닐 등의 원가가 상승해 2020년 3월 시장 판매 1위 브랜드를 시작으로 유통 업체들의 자체브랜드(PB)의 제품 가격까지 줄줄이 올랐습니다.

물건의 가격은 복잡하게 결정되고 한 가지 요인만으로 변동되는 것은 아니지만, 이렇게 세부 요인을 알면 가격과 변동을 이해하는 데 도움이 됩니다.

물건 가격 = 생산 비용 + 관리 비용 + 유통 비용 + 이익

이처럼 우리가 업무에서 마주치는 숫자에는 타당한 근거와 이유가 있습니다. 이것이 바로 논리입니다.

업무 시 자주 사용하는 숫자들을 살펴보겠습니다. 판매량이나 생산량과 같이 1차적인 연산(합계)으로 만들어지는 숫자도 있지만, 영업이익, 종합효율, 리드타임$^{lead\ time}$과 같은 고도의 수식과 논리에 따라 만들어진 숫자도 있습니다. 세부 수치들의 단순한 총합이 아닌 것이죠.

영업이익 = 매출액 − 매출원가 − (관리비 + 판매비)

종합효율 = 출력값/입력값 = 출력값과 입력값의 비

리드타임 = 가공(제조) 시간 + 검사 시간 + 운반(이동) 시간 + 대기 시간

논리는 사고나 생각을 이치에 맞게 설명하는 것입니다. '논리적이다.'라는 말에는 오류가 없고 합리적이고 객관적이라는 뜻이 있습니다. 반면 '논리적이지 못하다.'라는 말은 이유를 제대로 설명할 수 없다는 뜻입니다.

보통 상사는 업무 현황을 파악할 때, 다음과 같은 질문을 합니다. 질문에 정확한 대답을 하기 위해서는 숫자가 산출된 근거인 논리를 이해하고 있어야만 합니다.

📢 이 수치는 어떻게 만들어진 건가요?

그 숫자에 대해 설명해줄 수 있나요?

전월 대비 지수가 변동된 사유는 무엇일까요?

최근 A지수의 변동성이 커진 원인은 무엇인가요?

이러한 질문에 척척 대답할 수 있는 일잘러가 되기 위해 통근시간으로 숫자의 논리를 한 번 더 이해해보겠습니다.

우선, 통근시간의 정의는 집과 직장을 오가는 이동 시간입니다. 어제는 통근시간이 60분이었는데, 오늘은 90분이 걸렸습니다. 30분이나 더 소요된 것인데요, 하마터면 지각까지 할 뻔했습니다. 왜 그렇게 된 것인지 확인해보겠습니다.

통근시간의 논리를 이해하면, 다음의 표에서처럼 어느 구간에서 통근시간이 지연됐는지 확인할 수 있습니다. 또한 통근시간을 증가시키는 원인이 일시적인 현상이 아니라면, 어느 경로를

경로	어제	오늘
집 → 지하철역(경유지1)	10분	10분
지하철역(경유지1) → 버스정류장(경유지2)	40분	70분
버스정류장(경유지2) → 회사	10분	10분
최종 통근시간	60분	90분

수정해야 문제가 발생하지 않는지도 파악할 수 있습니다.

회사에도 통근시간과 비슷한 개념의 지수가 있는데요, 제조업에서 사용하는 리드타임입니다. 리드타임은 제품 제조 공정에서 시작부터 완성까지 걸리는 시간입니다. 회사는 고객이 원하는 납기에 맞추어 제품을 전달해야 하기 때문에 리드타임의 변동성을 중요한 지수로 관리하고 있습니다. 리드타임이 예상보다 지연되면 납기를 맞출 수 없으니까요.

리드타임은 자재 수급, 설비 가동 등의 여러 가지 사유로 인해 변동성이 생길 수밖에 없습니다. 리드타임이 산출되는 논리를 이해하면 변동성이 생긴 주원인을 파악하고 이에 대한 대응 방안을 마련하기 쉽습니다.

'숫자로 일한다'는 것은 정확히 일하는 것입니다.
우리는 숫자를 사용하기에 앞서,
그것이 무엇을 의미하는지 알고
논리 관계나 영향을 설명할 수 있어야 합니다.

8

숫자로 인한 파급효과를 예측한다

금년도 생산성 개선 활동을 말씀드리겠습니다. 제품 제조 과정에서 A작업이 병목 공정이라 생산성 개선 활동으로 A작업의 제조 시간을 10% 단축했습니다.

병목 공정 제조 시간의 10% 단축이면 큰 성과네요. 그럼 이것이 생산량 증대에는 얼마나 기여했을까요?

아, 생산량은 2% 증가했습니다.

앞으로 제조 시간 단축 대비 생산량을 높이기 위한 개선 방안도 필요하겠네요.

＊ 논리를 통해 숫자가 어떻게 산출되었는지를 알았다면, 숫자가 어떤 유의미한 영향을 미치는지를 이해하는 것도 중요합니다. 예를 들어, 회사에서 발생하는 모든 생산성 활동은 숫자로 표현됩니다. 그 숫자는 다시 성과지표와 연계돼 생산성 활동의 의미와 효과를 파악해볼 수 있습니다. 이것이 숫자의 영향력을 측정하는 행위입니다.

금리가 1% 상승했다는 소식을 접하면 어떤 생각이 드시나요? 금리 상승은 개인과 기업에도 직접적인 영향을 미칩니다.

기업의 입장에서는 투자 자금을 조달하는 데 드는 비용이 커지면서 투자를 줄이게 됩니다. 개인 입장에서는 금융기관에 자금을 맡기면 더 많은 이자를 받을 수 있기 때문에 저축을 늘리게 되고, 가계 대출이 있다면 이자 부담이 늘어나 소비를 긴축하게 됩니다.

금리가 상승하면?

- 기업: 투자 감소 → 성장세 둔화
- 개인: 가계 저축 증가 및 가계 대출이자 부담 증가 → 소비 감소

'금리가 1% 상승했다.'에서 숫자 1의 영향력은 각 입장에 따라 어떻게 다를까요? 예를 들어, 차입금 5000억 원으로 투자한 기업은 연간 비용이 50억 원 증가하고, 대출로 5억 원을 사용 중인 개인은 연간 비용이 추가로 500만 원 발생한다는 의미입니다. 이처럼 숫자가 가져오는 영향력을 구체적으로 설명하는 것은 중요합니다.

회사에서는 다음과 같은 상황을 가정해볼 수 있습니다. 영업팀에서 월간 판매량을 1만 개에서 2만 개로 200% 증대하는 계획을 세웠습니다. 이는 전월 대비 두 배로 엄청난 계획입니다. 이처럼 큰 계획은 확정하기 전에 현실적으로 달성 가능한지에 대해 '점검'하면서 영향력을 파악하는 과정이 필요합니다.

첫째, 운반·저장·영업 등의 판매 인프라가 감당 가능한 수준인지 파악합니다. 영업 업무량은 현재 인원으로 대응 가능한 정도인지, 추가 채용은 필요하지 않은지도 확인이 필요합니다.

둘째, 판매량을 늘리려면 생산량도 높여야 합니다. 영업팀의 판매 증대 계획에 생산팀 또한 대응할 수 있는지도 점검해야 하

는 것이죠. 필요한 자재는 문제없이 수급될 수 있는지, 생산 설비 등 생산 역량은 확보되어 있는지를 파악합니다.

판매량을 200% 늘린다
- 영업팀: 판매 인프라 현황 파악 → 담당 직원의 업무 증가
  → 판매 담당 직원 추가 채용 검토
- 생산팀: 생산량 증가 가능성 파악 → 생산팀 대응 체계 확인
  → 생산 능력 점검 및 자재 등 인프라 파악

단, 숫자의 영향력을 고려할 때 주의할 점이 한 가지 있습니다. 모든 현상에는 동전의 양면처럼 서로 반대되거나 대립되는 속성이 존재합니다. 긍정적인 효과가 있는 반면, 부정적인 효과도 있는 것이죠. 보고하는 사람은 안건을 통과시키기 위해 긍정적인 부분을 강조하게 마련입니다. 하지만 보고받는 사람은 그로 인해 발생하는 문제가 없는지도 면밀하게 점검해야 합니다.

사이드 이펙트$^{side\ effect}$란 긍정도 부정도 아닌 의도치 않게 발생한 예상하지 못한 결과를 뜻합니다. 사이드 이펙트가 반드시 모든 상황에 발생하는 것은 아니지만, 복잡한 업무 상황에서는 충분히 일어날 수 있습니다.

예를 들어, A제품의 일정을 단축하기 위해 자원을 집중하면,

상호연관성이 높은 B제품과 C제품의 일정이 늦춰지는 것은 예상할 수 있는 부정적인 효과입니다. 이와 동시에 의도하지 않았던 D제품의 일정까지 지연되기도 하는 것입니다. 이것이 시나리오를 다각화해야 하는 태도가 필요한 이유입니다.

여러분은 앞으로 일에서 수많은 숫자를 마주하게 될 것입니다. 각각의 숫자가 무엇인지 정의하고 어떻게 산출됐는지 알아낸 후 결국 그 숫자가 미치는 영향력까지 파악해야 업무 능력이 향상될 수 있는 초석을 마련한 것입니다. 숫자로 사고하는 습관은 숫자를 해석하고 만들고 전달하는 후반 과정에 앞서 반드시 훈련되어야 합니다.

회사에서 발생하는 모든 활동은 숫자로 표현됩니다.
발생한 숫자를 측정하고 영향력을 파악하는 것은
일의 의미와 효과를 찾는 빠른 방법입니다.

빽빽한 서류 더미 속에
빼곡하게 흩어져 있는 숫자들…….
그중에서 나에게 필요한 숫자들만
쏙 뽑아낼 방법은 없을까요?
기본 숫자, 평균, 산포 등 몇 가지만 알아두면
숫자를 읽는 힘을 기를 수 있습니다.

STEP 2

쏟아지는 자료를
효율적으로 읽습니다

숫자 해석력

1

기본 숫자는
구구단처럼 암기한다

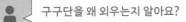

TUE, 09:30

구구단을 왜 외우는지 알아요?

계산을 빨리하려고요? 아니면 암산을 하려고요?

그것은 구구단을 활용해 얻을 수 있는 결과물이고요.
근본적인 이유는 곱셈의 기초를 단단하게 하기
위함이라고 하네요.

아, 그렇군요. 회사에서도 구구단처럼
특정 숫자들을 외워두면 여러모로 일이
수월해지지 않을까요?

＊ 직장은 일종의 숫자 놀이터입니다. 출근해서 보는 각종 보고서에는 현황과 이슈가 숫자로 써 있고, 회의에서는 숫자를 바탕으로 토론하고 의사결정을 하는 등 업무에는 항상 숫자가 있습니다.

돈과 금리라는 숫자를 다루는 금융업 종사자는 말할 것도 없거니와, 연구원이나 엔지니어도 검사(계측) 결과라는 숫자를 확인하며 업무를 개발하고 개선합니다. 저 역시 출근하면 제일 먼저 부서의 핵심성과지표인 KPI(Key Performance Index)를 확인하는 것으로 하루를 시작합니다.

KPI를 확인할 때는 팀 지표 등 전체 지표를 우선 확인하고, 그다음 세부적인 부분 지표를 검토합니다. 이때는 전일지표와 월지표(혹은 주간지표)를 같이 확인합니다. 전일지표는 하루치 데이터이므로 단기적 변수에 따라 왜곡이 발생할 수 있다는 한계가 있습니다. 또한 KPI를 보면서 목표와의 차이를 검토해 초과하거나 미달한 부분과 그 사유가 무엇인지 파악해두어야 합니다. 이 지표를 바탕으로 부서의 성과나 비즈니스 진행 상황을 직관적으로 이해할 수 있습니다.

영업부서는 판매를, 생산부서는 생산을 증대시키고 품질부서는 불량을 최소화하기 위해 존재합니다. 이처럼 존재 이유를 성과 지표화하면 매출액이나 판매량, 생산량, 불량률 등을 KPI로 설정할 수 있습니다. 이는 해당 부서의 목표 달성을 위한 지표이므로 평가와도 연결됩니다.

이렇게 숫자 중심으로 일할 때 가장 큰 고민은 '확인해야 할 숫자'가 너무 많다는 것 아닐까요? 업무의 범위가 확장될수록 기억하고, 알아야 할 숫자도 많아집니다. 게다가 경영환경은 시시각각 변하고 이슈는 계속 발생하므로 이에 따라 목표를 수정하는 경우도 빈번합니다.

인간의 기억력에는 한계가 있으므로 기억할 수 있는 숫자 역시 한정적입니다. 심리학자들은 이를 망각곡선이라는 그래프로 표현했습니다. 그중 독일의 헤르만 에빙하우스의 연구에 따르면 인간은 새롭게 학습한 정보의 약 50%를 한 시간 후면 잊어버리고, 한 달이 지나면 80% 가까이 망각한다고 합니다. 새롭게 습득한 정보 대부분이 흔적만 남긴 채 휘발된다는 뜻입니다.

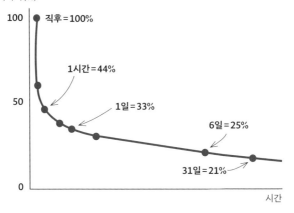

시간에 따른 기억의 보유

정보에 대한
기억력(%)

100 ● 직후＝100%

1시간＝44%

50

1일＝33%

6일＝25%

31일＝21%

0

시간

　그렇다면 숫자의 홍수와 기억력의 한계를 극복하려면 어떻게
해야 할까요? 첫 번째는 '조직을 움직이는 핵심 수치'에 집중해
야 합니다. 어떤 조직이든 구체화된 목표를 파악하면 그 숫자도
자연스럽게 따라옵니다. 영업부서에는 판매량이라는 목표가, 제
조부서에는 생산량이라는 목표, 원가부서에는 원가절감액이라
는 목표가 있을 것입니다. 전 부서원은 소속 부서의 목표를 달성
하기 위해 일하게 됩니다. 이렇게 업종과 직무에 따라 내용은 다
르지만, 모든 조직에는 수치화된 목표가 반드시 존재합니다.

　두 번째는 '조직 내에서 활용도가 높은 수치'를 찾는 것입니다. 금융권 종사자라면 금리나 경제성장률을, 정유업 종사자라면 세계 유가를, 해외 무역업에 종사자라면 환율을 미리 파악한다면 업무 시간을 절약할 수 있습니다. 넘쳐나는 숫자 속에서 흔들리지 않고 중심을 잡으려면, 업무상 수시로 언급되고 활용되는 숫자를 암기하고 변동 양상을 관찰해야 합니다.

일을 하다 보면 종종 '숫자를 이해해야지 외우면 어떡해.'라고 생각하는 사람도 만나게 됩니다. 우리가 초등학교 때 구구단을 외우는 이유를 아시나요? 구구단을 알면 수학의 기본이 되는 곱셈과 나눗셈을 흔들림 없이 할 수 있기 때문입니다. 앞에서 이야기한 기본 숫자는 숫자로 일하는 데 구구단과 같은 필수 도구가될 것입니다.

구구단처럼 암기하면 좋을 기본 숫자

조직을 움직이는 핵심 수치
► 목표 매출액, 목표 생산량, 목표 원가절감액 등

조직 내에서 활용도가 높은 숫자
► 금리, 경제성장률, 세계 유가, 환율 등의 특정 비율 등

"

넘쳐나는 숫자 속에서 흔들리지 않기 위해서는
핵심 숫자와 활용도가 높은 숫자를
파악하고 암기해야 합니다.
불확실한 업무 상황에서 이러한 숫자들은
흔들리지 않는 기둥과 같은 역할을 합니다.

"

2

명확한 기준은
숫자에 의미를 부여한다

TUE, 11:20

대리님, 학부 때 전공과목 평가 기준이
상대평가에서 절대평가로 변경된 적 있어요?

네, 있었어요. 상대평가일 때는 90점을 받고도
A를 받지 못했는데 절대평가로 바뀌고 나서는
학점이 크게 올랐죠.
그래서 전 절대평가로 바뀐 게 더 좋았어요.

그럴 수도 있겠네요.
근데 전 절대평가로 A학점을 받은 사람들이 늘어나면
평가에 대한 변별력이 약해진다고 생각했어요.
장학금 경쟁률도 더 치열해졌고요.

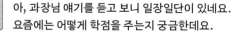

아, 과장님 얘기를 듣고 보니 일장일단이 있네요.
요즘에는 어떻게 학점을 주는지 궁금한데요.

＊ 파괴적 혁신 이론을 만든 경제학자 클레이튼 크리스텐슨은 "훌륭한 경제학자가 되려면 '안녕하세요?'라는 말을 들었을 때, '안녕의 기준이 무엇인가요?'라고 물어야 한다는 사실을 기억하라."라고 말했습니다.

물론 우리가 경제학자는 아니지만, 매일 무언가를 판단하고 결정해야 하는 직장인에게도 기준은 중요합니다. 특히 회사에서 마주하는 다양한 숫자를 읽을 때는 숫자를 읽기 전에 반드시 명확한 기준을 정해야 합니다.

1994년부터 시행 중인 대학수학능력시험은 매년 난이도 논란이 있었는데요, 불수능과 물수능을 오가면서 수험생들에게 혼란을 주었기 때문입니다. 특히 2005학년도 이후 모든 영역과 과목을 임의로 선택하게 되면서, 수험생마다 응시 내용이 달라졌고, 난이도를 일정하게 유지하는 것이 더욱 어려워졌습니다.

더 이상 원점수로는 영역과 과목 간 난이도 차이에 따라 발생하는 문제들을 해결할 수 없게 되자 교육부는 표준점수 제도를 도입했습니다. 원점수가 총 점수 대비 몇 점을 받았는가에 대한 정보를 나타내는 '절대점수'라면, 표준점수는 원점수를 기반으로 평균과 표준편차를 이용해 산출한 '상대점수'입니다.

A는 2017년도 수학능력시험 국어영역에서 원점수 90점을 받았고, 2018년에 재도전해서도 원점수 90점을 받았습니다. 하지만 표준점수는 달랐습니다. 2017년과 2018년도 수능의 난이도에 따라 상댓값이 달라졌기 때문입니다.

회사에서도 수치를 판단하기 전, 이를 절대적인 기준으로 바라볼지, 상대적인 기준으로 바라볼지에 따라 해석이 달라집니다. 절대기준은 미리 '특정한 기준'을 정해놓고 그 이상이면 적합, 그 이하면 부적합하다고 판단하는 것입니다. 예를 들어, 월 매출 목표를 충족한 지점과 미달한 지점은 초기에 설정한 절대적인 수치에 의해 결정됩니다.

반면 상대기준은 집단이나 다른 대상과의 성과를 비교해 판단하는 것입니다. A부서에서는 실무 능력을 평가하는 시험을 매년 시행합니다. B사원이 100점 만점에 90점을 받았다면 절대기준에 따라 잘한 것입니다. 하지만 소속 부서 인원 열 명 중 여덟 명이 100점을 받았다면 상대기준에서 잘했다고 할 수는 없을 것입니다.

상대기준은 이처럼 서로 특성이 비슷한 항목끼리 묶어야 의미가 있다는 것을 명심해야 합니다. 그렇지 않으면 비교 자체가 성립되지 않으며 차이가 발생하는 지점도 찾아내기 어렵습니다.

앞의 사례를 다시 살펴보겠습니다. 실무 능력 평가에서 소속 부서 인원 열 명 중 여덟 명이 100점을 받고, 두 명이 90점을 받았다고 가정해봅시다. 100점을 받은 여덟 명은 근속연수가 10년 이상이고, 90점을 받은 두 명은 입사 1년 차 신입사원이라면 어떨까요? 이것을 상대기준에 따라 평가하는 것이 맞을까요?

상대기준에 맞게 비교하려면, 우선 10년 차 이상의 직원과 그 이하의 직원 등으로 대상자를 분류하고 평가해야 합니다. 다음 사례에서 상대기준으로 판단할 때 범할 수 있는 오류를 살펴보겠습니다.

월간 TV 생산량

공장	A 공장	B 공장	C 공장	D 공장
생산량(개)	10,000	2,500	8,000	4,000

A~D 공장의 월간 TV 생산량입니다. 절대적인 생산량은 A가 가장 많고 C, D, B 순입니다. 그렇다면 A공장이 가장 규모가 크

고, 생산성이 높다고 해석하는 것이 맞을까요? 하나씩 살펴보겠습니다.

1. 가장 규모가 큰 곳은 어디일까요?

정답은 알 수 없습니다. 같은 제품을 생산한다고 가정하면 생산량 순으로 공장 규모를 파악할 수 있습니다. 하지만 A공장이 제품 난이도와 생산 복잡도가 낮은 구형 제품을 만든다면, 아주 작은 공장에서도 많은 제품을 만들 수 있습니다. 반면, B공장은 제품 생산 난이도가 높고 설비·자재·인력 등이 많이 필요한 신제품을 만든다면 제품 생산량은 적지만 규모는 아주 큰 공장일 수도 있습니다.

2. 생산성이 가장 높은 곳은 어디일까요?

이 역시 정답은 알 수 없습니다. 생산량이 많다고 생산을 잘하는 것은 아닙니다. 생산성이 높다는 말은 투입된 자원 대비 생산량이 높다는 의미입니다. 이 표에서는 A~D 각 공장에 투입된 자원(설비·자재·인력 등)의 정보를 정확하게 알 수 없기 때문에, 생산성을 파악할 수 없습니다.

이처럼 숫자를 상대기준으로 비교할 때는 항상 주의해야 합니다. 더욱이 기준을 정해 숫자를 읽었다면 잘했거나 혹은 못했다는 판단이 이어지기 마련인데요, 그렇다면 일의 언어로 '잘한다.'는 어떤 의미일까요?

첫 번째로는 '효율적'이라는 의미입니다. 즉, 인풋^{input} 대비 아웃풋^{output}이 좋다는 것입니다. 회사의 자원은 한정돼 있으므로 최소한의 자원을 투입해 최대한의 결과를 만들어내는 것이 가장 바람직합니다. 효율성은 모든 부분에서 성과를 판단하는 중요한 잣대입니다.

예를 들어, 어떤 항공사에서 항공권 프로모션을 한 달 동안 진행한다고 가정해보겠습니다. 프로모션 기간 동안 진행된 홍보·광고 등에 비용이 얼마나 투입되었고, 이에 따라 판매량은 얼마나 증가했는지를 보는 것이 효율적인 판단입니다. 숫자로 판단해야 하는 경우, 숫자의 절대적인 크기뿐 아니라 인풋 요소, 전제조건 등을 함께 고려해야 합니다.

두 번째는 '효과적'이라는 의미입니다. 이는 인풋은 고려하지 않고, 아웃풋만으로 판단하는 것입니다. 앞서 언급한 항공권 프로모션의 시작과 끝을 기준으로 판매량이 얼마만큼 증가했는가, 기업의 인지도나 호감도는 얼마나 개선되었는지를 보는 것이 효과적인 측면이라고 할 수 있습니다.

회사에서 숫자로 진행 상황을 보고하거나 결과를 전달해야 하는 메시지에 맞게 용어를 적절히 사용하는 것도 중요합니다.

'개선'과 '혁신'이라는 단어를 예로 들어보겠습니다. 개선은 '잘 못되거나 부족한 것을 고쳐 더 좋게 만든다.'는 단어인 반면 혁신 이라는 표현은 '현재의 판을 뒤집고 새로운 판을 만든다.'는 의미 입니다. 일반 휴대폰에서 스마트폰으로의 전환이나 휴대용 데스 크톱인 노트북을 개발한 것이 혁신의 대표적인 사례입니다.

즉, 개선은 '기존에 있는 것의 부분적인 효율성을 제고했는가.' 로, 혁신은 '기존에 없던 무엇인가를 새롭게 창출했는가.'로 정리 할 수 있습니다.

여러분이 회사의 숫자를 제대로 읽기 위해서는 판단 기준을 명확히 하고, 그 기준을 설명할 수 있는 적확한 어휘를 선택해야 한다는 것을 기억하세요. 자신의 의견을 상대방에게 설득해야 한다면, 상대기준과 관련된 내용을 적용해서 숫자를 읽어보는 것이 어떨까요? 평소 여러분이 읽어야 하는 업무 자료 속에서 요 점을 파악해 기준을 세우는 일이 수월해질 것입니다. 이러한 태 도는 일상생활에도 도움이 되는데요, 뉴스에서 잘못된 숫자나 출처가 불분명한 숫자 정보를 가려내는 훈련이 되기도 합니다.

'절대기준'이란 특정한 기준을 정해놓고
그 이상이면 적합, 그 이하면
부적합하다고 판단하는 것입니다.
반면에 '상대기준'은
집단이나 다른 대상과의 성과를 비교해 판단합니다.

3 복잡한 업무와 데이터는 통계로 정리한다

사업부장님배 축구대회가 시작됐네요.

후, 처음으로 우리 영업팀도 본선에 진출했어요!

네, 긴장돼요.

너무 긴장하지 말자고요. 첫 출전이고,
주전 선수 중에 부상으로 출전을 못 하는 선수도
있으니까요. 중간만 해도 괜찮아요!

네, 모두가 1등을 할 순 없으니까요.
첫 출전에 중간만 가도 잘하는 거라고 생각해요.

＊ 여러분은 통계라고 하면 무엇이 가장 먼저 떠오르나요? 통계라는 단어만 들어도 어렵고 복잡하며 생소하다고 생각하는 사람이 많습니다. 그런데 알고 보면 통계는 우리의 일상에 아주 가까이 있습니다.

"가만히 있으면 중간은 간다.""정확히 중간은 했어요."처럼 평상시 대화에서 흔히 사용하는 '중간'이라는 단어를 생각해봅시다. 일상에서 자주 접하는 말이지만, 혹시 여기에 통계적인 의미가 숨어 있다는 것을 알고 계셨나요? 중간이라는 말은 통계적으로 '대푯값'의 하나입니다.

통계에서 자주 등장하는 대푯값이란 자료 전체의 특징을 대표적으로 나타내는 값입니다. 대한민국 직장인의 평균 연봉이나 서울 아파트 중앙값이 대표적인 사례입니다.

자주 사용하는 대푯값으로는 평균값과 중앙값, 그리고 최빈값이 있습니다. 이것들의 공통점은 하나의 수로 모든 데이터의 중심이나 중간을 표현한다는 것이지만, 다음의 표에서 보이는 것처럼 차이도 있습니다.

대푯값의 종류

평균값	중앙값	최빈값
데이터의 모든 값을 더해서 데이터 개수로 나눈 값. 일상에서 가장 많이 사용하는 대푯값으로는 평균 점수, 평균 가격 등이 있다.	모든 데이터를 크기순으로 나열했을 때 가운데 있는 값. 평균값은 극단값에 영향을 받지만, 중앙값은 영향을 받지 않는다.	데이터에서 가장 빈도가 높은 값. 데이터의 중심을 알려주는 값으로 대표성을 가진다.

그렇다면 "중간만 해도 괜찮아."는 어떤 대푯값을 의미할까요? 전체 참가 팀을 점수별로 줄 세웠을 때, 극단이 아니라 가운데 지점에 배치된다면 괜찮다는 의미이므로 '중앙값'을 나타내는 것이겠네요. 통계를 잘 몰라도, 우리는 이미 이를 자연스럽게 사용하고 있습니다.

복잡한 데이터도 한 번에 알아볼 수 있게 정리할 수 있는 것이 통계의 가장 큰 장점입니다. 통계로 자료를 정리하고 요약하면 이처럼 복잡함을 '단순화'할 수 있습니다. 특히 회사에서 쓰는 통계는 평균과 분산을 활용해 자료의 특징을 수치로 해석하는 것이므로 조금만 연습하면 업무에서도 수월하게 적용할 수 있습니다. 데이터의 모인 정도를 나타내거나 데이터의 흩어진 정도를 나타내는 분산은 데이터의 특성을 거시적으로 파악할 수 있는 가장 기본적인 값(수치)입니다.

통계를 자신의 업무에서 잘 활용한 역사적인 인물이 있는데요, 뜻밖에도 간호사인 백의의 천사 플로렌스 나이팅게일입니다. 그녀는 전장에 머물면서 병사들이 '전투로 인한 부상'보다 '치료시설의 위생 문제로 인한 전염병과 영양 문제'로 인해 사망하는 사례가 더 많다는 것을 알게 되었습니다. 이를 해결하기 위해서는 막사와 병원 환경을 개선해야 했습니다.

2년간의 조사 끝에 나이팅게일은 통계 자료를 완성하고 이를 누구나 알아보기 쉽게 그래프로 정리했습니다. 이 자료를 바탕으로 사람들에게 개선이 가장 필요한 곳이 막사와 병원이라는 점을 피력할 수 있었고, 환경을 우선적으로 개선하면서 불과 5개월 만에 군인들의 사망률을 42%에서 2%로 크게 낮출 수 있었습니다.

여러분이 새롭게 제안할 의견이 있다고 가정해봅시다. 이를 뒷받침하는 근거가 될만한 숫자 자료를 찾을 텐데요, 찾는 것뿐만이 아니라 그 의미를 어떻게 읽어낼지가 중요합니다.

내가 사용하는 숫자가 일에서 유의미한 숫자인지 가늠하기 위해서는 숫자의 '상대적인 위치'를 아는 것이 중요합니다. 이때 통계를 기억해주세요. '평균'으로 수치의 높고 낮은 정도를 파악하거나 '분산'으로 밀집되거나 편향된 정도를 확인해 자료를 단순하게 정리할 수 있습니다. 이제 평균과 분산을 깊이 있게 알아봅시다.

백의의 천사 플로렌스 나이팅게일은
유능한 간호사이자 통계학자였습니다.
나이팅게일은 간호 활동 외에도
통계를 활용해 수많은 병사를
죽음으로부터 구해냈습니다.

4 평균을 알면 숫자가 쉬워진다

TUE, 14:10

차장님, 전일 매출액이 얼마죠?

1억 원입니다.

평소보다 저조해 보이는데, 전주 평균 매출액과
전월 평균 매출액은 얼마였나요?

전주 평균은 2억 원, 전월 평균은 2억 5000만 원입니다.

그렇군요. 확실히 전일 매출이 평균보다 많이 낮네요.

＊ 회사에서 가장 많이 사용하는 계산값은 평균입니다. 약간의 과장을 보태자면 업무 대화에서는 항상 평균값이 사용됩니다. 자주 사용하기에 누구나 이를 잘 안다고 생각합니다. n개의 값을 더한 총합을 n개로 나누는 것이 평균이라고 말이죠. 하지만 평균값을 정확히 아는 사람은 생각보다 많지 않습니다.

우리는 학창시절의 성적표로 평균을 확실하게 각인했을 겁니다. 총 8과목이고 모든 과목의 점수를 더한 총합은 560점일 경우, 평균은 70점입니다. 이때의 평균을 '산술평균'이라고 하며, 이것이 우리가 말하는 일반적인 평균입니다.

$$산술평균 = \frac{a_1 + a_2 + a_3 \cdots + a_n}{n}$$

산술평균만으로 모든 평균값을 산출할 경우 계산이 단순해지는 장점이 있겠지만 여러 오류가 발생합니다.

가장 큰 오류는 극단적인 이상값에 의한 왜곡입니다. 자료에 지나치게 작거나 큰 숫자가 들어 있다면 평균값이 달라지겠죠. 천문학적인 연봉을 받는 빌 게이츠가 우리 회사에 스카우트된다면, 회사의 평균 연봉은 크게 올라갈 것입니다. 하지만 대부분의 직원들은 그만큼 받지 못하므로 극단값인 빌 게이츠 연봉에 의해 직원들의 평균 연봉에 왜곡이 발생하게 됩니다.

산술평균을 보완하는 방법으로는 극단값을 제거하고 나머지 값으로만 산술평균을 구할 수 있습니다. 이를 '절사평균'이라고 합니다. '10% 절사평균'이라고 하면, 자룻값의 최소 10%와 최대 10%를 제거한 후 나머지 값들만으로 산술평균을 구하는 것입니다. '0% 절사평균'은 산술평균과 동일합니다.

절사평균의 대표적인 사례가 올림픽의 리듬체조 종목입니다. 여기에서는 심사위원들의 최고점과 최하점을 제외한 나머지 점수의 총합을 평균으로 나눠 점수를 산정합니다. 이렇게 하면 극단값에 의한 왜곡을 방지할 수 있습니다.

10% 절사평균: 총 자료의 양극단에서 10%의 개수만큼을 제거한 후 계산한 산술평균

20% 절사평균: 총 자료의 양극단에서 20%의 개수만큼을 제거한 후
계산한 산술평균

다음 표에서 지점별 연간 매출액 수치로 평균을 계산해봅시다. 우선 산술평균은 90억 원입니다. 극단값을 가지는 A지점과 J지점을 제외한 '10% 절사평균'을 구하면 약 70억 원이 됩니다. 산술평균으로 구한 90억 원을 지점 평균 매출이라고 하기는 어렵지만(A지점 한 곳만 평균 매출 이상), '10% 절사평균'으로 산출한 70억 원은 평균 매출액으로 보기에 무리가 없습니다.

지점별 연간 매출액

판매지점	A	B	C	D	E	F	G	H	I	J	총합
매출액	340	82	80	75	70	67	60	54	52	20	900

(단위:억 원)

- 산술평균: $\dfrac{900}{10}$ = 90억 원

- 10% 절사평균: $\dfrac{540}{8}$ = 67.5억 원

- 20% 절사평균: $\dfrac{406}{6}$ = 67.6억 원

절사평균을 업무에 활용할 때는 극단값이 양쪽에 모두 존재하는지 확인해야 합니다. 한쪽에만 있다면, 반대쪽에서 제거되는 데이터는 의미가 없어지기 때문입니다.

산술평균의 또 다른 오류는 곱셈으로 연결된 수치들의 평균을 구하기 어렵다는 것입니다. 예를 들어, 어느 회사의 연도별 성장률 데이터를 보고 지난 2년간 연평균 성장률을 구한다면 어떤 평균을 사용하면 될까요?

이때는 '기하평균'을 사용해야 합니다. 기하평균은 곱해진 값들의 평균입니다. 조금 어렵나요? 이런 값에는 수익률, 증가율, 성장률, 상승률 등이 포함됩니다.

연말이나 연초에 회사에서 작성하는 보고서에서 'CAGR'이라는 용어를 자주 볼 수 있습니다. CAGR은 Compound Annual Growth Rate의 약자로 '연평균 성장률'을 의미하는데요, 이 값을 구할 때 기하평균을 사용하는 것입니다.

$$\text{기하평균} = n\text{개의 값을 모두 곱한 값을 } n\text{제곱근한 값}$$
$$= \sqrt[n]{a_1 \times a_2 \times \cdots \times a_n}$$

다음 표를 살펴보겠습니다. 2020년 매출 성장률이 5%고, 2021년은 10%입니다. 산술평균으로 구하면 7.5%지만, 기하평균은 7.1%입니다.

연도별 성장률

2020년	5%
2021년	10%

- 산술평균 : $\dfrac{(10+5)}{2} = 7.5$

- 기하평균 : $\sqrt{10 \times 5} \fallingdotseq 7.1$

- 오차율(%) : $\dfrac{(산술평균-기하평균)}{기하평균} \times 100$

산술평균값은 일반적으로 기하평균값보다 크거나 같습니다. 변숫값의 차이가 클수록 평균 종류에 따른 오차율도 커지므로 적절한 평균 계산법을 선택해야 합니다.

회사에서는 과거의 실적으로 성장률을 파악하고, 미래의 평균 성장률을 예측합니다. 의사결정에 중요한 기반이 되는 자료를 '평균'으로 도출해내는 것이죠. 따라서 잘못된 평균을 사용하면 수치가 달라져 경영 활동 방향을 잘못 설정하게 됩니다. 다음 표에서 어떤 문제가 발생할 수 있는지를 알아보겠습니다.

변숫값의 차이에 따른 오차율의 변화

변숫값	CASE 0	CASE 1	CASE 2	CASE 3	CASE 4	CASE 5	CASE 6	CASE 7
2019년 연간 성장률	10	10	10	10	10	10	10	10
2020년 연간 성장률	10	9	8	7	6	5	4	3
산술평균	10.0	9.5	9.0	8.5	8.0	7.5	7.0	6.5
기하평균	10.0	9.5	8.9	8.4	7.7	7.1	6.3	5.5
차이(산술-기하평균)	0.0	0.0	0.1	0.1	0.3	0.4	0.7	1.0
오차율	0.0%	0.0%	1.1%	1.1%	3.8%	5.6%	11.1%	18.1%

앞의 사례를 보면 산술평균(7.5%)과 기하평균(7.1%)의 연평균 매출 성장률 오류가 0.4% 발생하는데요, 이를 연평균 성장률(7.1%) 비율로 환산하면 약 6%나 되는 오차입니다. 이 수치는 꽤 큽니다. 연간 1000억 원을 투자하는 회사가 있다고 가정하면 60억 원 수준의 투자 변동성이고, 연간 300만 개의 제품을 생산하는 회사라면 연간 15만 개를 더 생산해야 하는 일이 발생합니다. 이처럼 잘못된 수치를 사용하면 불필요한 투자나 능력밖의 계획이 결정될 수도 있습니다.

산술평균이 일으키는 마지막 오류는 하나 이상의 변수를 고려하지 못한다는 점입니다. '평균 속력'이 대표적인 예인데요, 속력을 결정하는 변수가 '거리'와 '시간'처럼 두 가지인 경우 산술평균으로 계산하면 실제 값보다 크거나 같게 나옵니다. 이런 경우에는 '조화평균'을 사용합니다.

$$조화평균 = \frac{n}{\dfrac{1}{a_1} + \dfrac{1}{b_2} + \cdots + \dfrac{1}{x_n}}$$

$$= \frac{2ab}{a+b} \ \text{(\textit{n}이 2일 경우)}$$

A공장에서 B공장까지 부품을 옮긴다고 생각해봅시다. 총 거리는 100km이고 이동 거리의 절반은 시속 100km로, 나머지 절반은 시속 50km로 주행한다면, A공장에서 B공장까지 갈 때의 평균 속력은 얼마일까요?

만약 산술평균으로 산출하면 (100+50)/2=75로, 평균 속력은 시속 75km입니다. 그런데 시속 75km로 주행했다면 1.3시간(100/75)이 걸려야 하는데, 실제로는 그렇지 않습니다. 시속 100km로 절반을 가면 0.5시간, 시속 50km로 절반을 가면 한 시간이 걸려 총 1.5시간이 소요됩니다.

이동 거리에 따른 속력

A 공장 → 중간 지점	100km/h
중간 지점 → B 공장	50km/h

- 조화평균 : $\dfrac{2 \times 100 \times 50}{100 + 50} = 66.6$km/h

산술평균만 사용한다면 잘못된 결괏값으로 크고 작은 오류가 발생할 수 있습니다. 특히 업무에서는 작은 오류가 크게 번질 수도 있으니 더 주의해야겠죠.

평균은 회사에서 흔히 사용하는 계산인 만큼 정확성이 중요합니다. 주어진 상황에 맞는 적합한 평균 산출 방법만 알아도 숫자를 다루는 일이 한결 쉬워질 것입니다.

"

회사에서는 과거의 실적으로 성장률을 파악하고,
미래의 평균 성장률을 예측합니다.
의사결정에 중요한 기반이 되는 자료를
'평균'으로 도출해내는 것입니다.
잘못된 평균을 사용한다면
경영 활동의 방향을 잘못 설정하게 됩니다.

"

5

자료의 산포를 이해하면
진짜 필요한 숫자가 보인다

TUE, 14:00

대리님 감기 걸렸어요?

지난 주말에 여행을 다녀왔는데요,
평균기온만 믿고 옷을 얇게 입었어요.

일기예보가 정확하지 않았나요?

평균기온은 틀리지 않았는데, 일교차가 심해서 덜덜
떨었어요. 아침저녁으로 기온이 뚝 떨어지더라고요.
옷을 얇게 입어서 감기 몸살이 온 것 같아요.

＊ 어떤 식당에서 고기를 1인분에 150g으로 판매한다고 가정해봅시다. 모든 손님에게 제공되는 고기의 무게는 150g으로 동일하지만, 살코기와 지방의 무게는 매번 달라집니다. 살코기와 지방이 균등한 경우도 있지만, 살코기가 많고 지방이 적을 때도, 그 반대일 때도 있습니다. 고객이 받는 고기 무게의 평균값은 같지만, 살코기와 지방의 비율이 일정하지는 않은 것이죠.

평균은 데이터의 특성을 나타내는 대푯값입니다. 데이터를 하나의 숫자로만 표현해야 한다면, 데이터가 모인 정도를 나타내는 평균값이 가장 적합합니다. 하지만 평균만으로 데이터의 성질을 파악하는 데는 한계가 있습니다.

서울과 튀르키예의 수도 앙카라는 연평균 기온이 대략 12도로 비슷하지만, 월별로 보면 크게 다릅니다. 서울의 겨울(1~2월)은

평균 -2.4도까지 하락하고, 여름(7~8월)은 평균 25.7도까지 상승
(1981~2010년 기준)하는 것에 비해, 앙카라의 겨울(1~2)은 서울보
다 따뜻한 평균 0.4도고, 여름도 23.6도(1954~2013년 기준)입니다.
연평균 기온은 같지만, 최고·최저 기온이 다르고, 월평균 기온도
모두 다릅니다. 이것만으로 앙카라와 서울을 비슷한 생활권이라
고 판단하기는 어렵겠네요.

평균의 한계는 학점에서도 나타납니다. 평균학점이 4.0으로 똑
같은 두 학생 중 A학생은 전공과목 학점이 높고, 교양과목 학점
은 낮습니다. B학생은 반대로 전공과목 학점은 낮고, 교양과목
학점이 높습니다. 어느 학생의 학점이 더 나은지는 상황에 따라
다르게 봐야 합니다.

이렇게 데이터의 성질을 면밀히 이해하려면 평균과 함께 파악
해야 하는 항목이 있습니다. 그것은 데이터가 평균을 기준으로
흩어진 정도로 '편차'라고 합니다. 편차는 각 데이터와 평균과의
차이로 각각의 데이터가 평균에서 얼마나 떨어져 있고, 치우쳐
있는지 파악하는 수치입니다.

편차 = 데이터 − 평균

(편차의 합은 항상 0이므로 주로 제곱한 값을 활용한다.)

편차를 살펴보면 평균으로는 나타나지 않는 문제점을 파악할 수 있습니다. 평균은 데이터의 모임을 하나의 숫자로 표현하므로 데이터 가독성이 좋지만, 세부사항을 파악하기는 어렵습니다. 앞의 학점 사례처럼 평균이 같아서 차이(문제)가 없어 보이는 것들이, 편차를 보면 차이(문제)가 발견되기도 합니다.

문제점을 발견하고 해결하는 초기 단계에서는 평균값에 집중하게 됩니다. 예를 들어, 공장에서 가동되는 설비의 가동률을 개선한다고 해봅시다. 초기 단계에서는 전체 설비군의 평균가동률을 높일 공통적인 문제들을 개선하는 활동에 집중합니다. 이런 문제로는 소프트웨어 성능 제약, 잦은 부품 교체, 고질적인 불량 등이 있습니다. 이를 개선함으로써 전체 설비군의 평균가동률을 어느 정도 높일 수 있습니다.

하지만 이 방식으로는 시간이 지날수록 개선 폭이 점점 줄어듭니다. 이후에는 설비군 전체가 아니라 설비 단위의 개별적인 문제를 찾아 평균적인 설비와의 편차를 줄여야 합니다.

그렇다면 편차를 확인하는 방법은 무엇이 있을까요? 하나는 '최댓값과 최솟값의 차이'를 활용하는 것입니다. 이 차이를 범위라고 하는데, 범위는 항상 0보다 크며 이를 통해 데이터 분포의 폭을 알 수 있습니다. 다만 범위는 중간 데이터는 나타내지 못한다는 문제가 있습니다.

일별 가동률

	1일	2일	3일	4일	5일	6일	7일
A 설비	80	81	81	82	83	87	90
B 설비	80	83	87	88	89	89	90

(단위: %)

A설비와 B설비의 가동률 범위는 10%로 같지만, A설비의 가동률은 최솟값인 80% 주변에 몰려 있는 것에 비해 B설비의 가동률은 최댓값인 90% 주변에 몰려 있습니다. 데이터의 폭은 같지만, 폭 사이의 모습은 판이하게 다른 것입니다.

두 번째 방법은 '평균으로 떨어진 거리'를 파악하는 것입니다. 모든 데이터의 편차를 합하면 언제나 0이므로 편차를 확인할 수 없습니다. 그래서 편차를 제곱한 값의 평균을 계산한 후 그것을 다시 루트로 취한 값을 사용합니다. 이것이 바로 '표준편차'입니다.

표준편차를 알면 범위의 한계인 최대·최솟값의 폭뿐 아니라 모든 데이터의 편차가 얼마인지 확인할 수 있습니다. 표준편차가 작다는 것은 안정적이라는 의미입니다. 업무에 적용해보면 설비의 가동률이나 영업점의 매출 등의 변동 폭이 작다는 의미이기도 합니다.

숫자 해석력

이처럼 데이터의 흩어짐을 파악하는 여러 지표를 동시에 활용하면 데이터 분포를 정확히 볼 수 있습니다. 범위로는 데이터의 폭을 보고, 표준편차로는 데이터 전체의 산포를 보는 식입니다.

더 나아가 '왜도(도수분포의 집중 형태를 전체적으로 측정하는 값)'로 데이터의 기울어짐(비대칭성)을, '첨도(도수분포의 뾰족한 정도)'로 데이터가 모인 정도를 파악한다면 데이터 분포의 형태까지 이해할 수 있습니다. 데이터의 성질을 다각도로 분석하면 현상을 정확히 꿰뚫고 문제를 효율적으로 해결하는 데 도움이 될 것입니다.

6

이상치가 있어도 당황하지 않는다

과장님, 이상한 점이 하나 있습니다.

무엇이죠?

지난달 상품별 매출을 정리하고 있는데,
A상품의 매출이 평균치 대비 60배나 높은 날이 있네요.

그래요? 언제인지 확인하고
매출이 급증한 사유를 파악해봐야겠어요.

네, 해당 일자의 매출을 포함해 월평균 매출을
계산하니, 실제 매출 수준과 차이가 크네요.

※ 직원들이 A업무를 처리하는 시간을 비교한다고 가정해봅시다. 대부분의 직원은 평균 10분의 시간이 소요된 반면, 한 직원은 180분이나 걸렸습니다. 다른 직원에 비해 지나치게 많은 시간을 사용한 이유를 알아보니 지난주에 입사한 신입사원이었네요. 아무것도 모르는 신입사원이 업무를 처리한 것은 대단하지만, 그를 비교 대상에 포함하자 평균값에서 큰 차이가 발생했습니다.

　기업의 매출은 끊임없이 변화합니다. 매출이 며칠 안정적이다 싶으면, 금세 변수가 발생해 예외적인 값이 나타나는 일이 다반사입니다. 원인은 경쟁사, 경제 상황 등의 외부적인 요인일 때도, 생산 제약 등의 내부적인 요인일 때도 있습니다. 흔하지는 않지만 강우, 강설 등의 천재지변으로 매출이 급감하거나, 유명 연예인 또는 인플루언서의 언급으로 매출이 급증하기도 합니다.

매출을 비롯한 데이터를 다루다 보면, 예상하지 못한 극단값 때문에 고민하는 일이 반드시 발생합니다. 이렇게 데이터의 범위에서 크게 벗어나는 큰 값이나 작은 값을 '이상치'라고 합니다. 보통 이상치가 존재하면 결과에 왜곡이 발생해 해석이 잘못될 수 있습니다. 그렇기 때문에 데이터를 처리할 때는 이상치를 제거해야 합니다.

예를 들어, A제품의 월평균 판매량이 1,000개라고 해봅시다. 그런데 올해 12월에는 5만 개를 달성했습니다. 사유인즉 S기업에서 임직원 송년 선물로 대량 구매가 발생한 것입니다. 이런 경우 12월의 매출을 포함하면, 'A제품의 월평균 매출'을 정확하게 산출하기가 어렵겠죠.

이때는 앞에서 이야기한 절사평균을 이용하는 간단한 방법이 있지만 평균값을 산출하는 경우가 아니라면 이 방법은 사용하기가 어렵습니다. 결국 이상치를 찾아내서 제거해야 하고 이를 찾아내는 가장 단순한 방법은 사분위 범위(박스 플로트box plot)를 이용하는 것입니다.

사분위 범위는 모든 데이터를 25%씩 네 조각으로 나누어 정렬해서 파악하는 것입니다. 데이터를 오름차순 또는 내림차순으로 정렬했을 때 각각 하위 25%에 해당하는 데이터를 제 1사분위수, 상위 25%에 해당하는 데이터를 제 3사분위수로 나누는

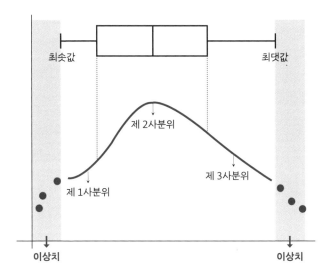

사분위 범위

최솟값　　　　　　　　　　　최댓값

제 2사분위

제 3사분위

제 1사분위

이상치　　　　　　　　　　　이상치

것입니다. 이렇게 해서 상위 경계와 하위 경계를 구하고, 이 범위
를 벗어나는 값을 이상치로 봅니다.

한편 이상치를 그대로 활용하는 경우도 있습니다. 데이터 전
체를 보는 것이 목적이 아니라면 이상치가 발생한 원인을 찾아
실무에 적용해보는 것입니다.

A제품의 12월 판매량을 S기업의 일시적 구매로 인한 예외적
수치로도 볼 수 있지만, 향후 B2B 판매와 홍보를 강화해 '지속
적인 대량 판매 기회'로도 활용할 수 있습니다. 또한 매출이 평균

보다 크게 낮았던 달이 있다면, 평균적인 매출이 나온 달과 비교해 매출을 끌어올리는 포인트로 삼을 수도 있을 것입니다. 이렇게 이상치를 분석해보면 문제 해결의 실마리를 어렵지 않게 찾을 수 있습니다. 우연히 나온 목표 달성값(이상치)에서 해답을 찾는 경우라고 할까요.

고효율 설비(이상치)의 원인을 찾아 저효율 설비로 확산하는 사례도 이와 같은 경우입니다. 같은 기종의 설비라도 효율이나 성능가동률 지수가 극적으로 좋은 설비가 있습니다. 이런 설비의 효율을 세부적으로 분석해 고효율이 유지되는 이유를 찾아냅니다. 만약 그 원인이 지난주 교체한 A부품 때문이라면, 이를 다른 설비에도 적용해 보는 것이죠.

이처럼 이상치는 어떻게 활용하느냐에 따라 업무 성과를 높여주기도 합니다. 업무에서 이상치를 발견하게 된다면 당황하지 말고 활용 방법을 고민해보세요. 의외의 성취를 이룰 수도 있을 것입니다.

일에서 숫자를 다루다 보면,
예상하지 못한 이상치가 반드시 발견됩니다.
이럴 때에는 결과에 왜곡이 발생하지 않도록
이상치를 제거할지
대책을 수립하기 위해 이상치를 활용할지
판단해야 합니다.

7

기간에 따라
의미가 달라진다

대리님, 팬데믹 발생 전인 2017년부터 2021년까지 전세계 극장 매출은 어떠한가요?

전세계 영화 산업의 극장 매출액 비중으로 보면, 2017년 48%에서 2020년 42%으로 감소 경향이 있긴 했지만, 여전히 40%대이긴 했는데요, 2021년에는 15%로 크게 떨어졌습니다.

한국과 주요국 영화 극장의 회복률은 어떻게 되죠?

2019년 대비 2021년 자료를 보면 우리나라의 회복률은 30% 정도로 주요국에 비해 낮습니다. 중국과 일본은 70%까지 올랐고, 영국과 미국도 40% 넘게 회복한 것으로 보입니다. 2020년과 비교하면 크게 달라진 건 없습니다.

팬데믹으로 인한 극장 관련 규제를 완화해달라는 입장을 설득하려면 어느 기간의 수치를 활용하는 것이 좋을까요?

＊《내가 미래를 앞서가는 이유》의 저자 사토 가츠아키는 "경향이 보이지 않으면 대책을 세울 수 없고, 대책을 세울 수 없으면 구체적인 행동으로 이어지지 않는다."라고 했습니다. 수치에는 현재 상황과 수준을 명확히 알려주는 힘이 있습니다. 다만 표본이 적고, 수집 기간이 짧으면 의미를 읽어내는 데 한계가 있습니다.

한 야구선수가 게임의 중요한 승부처에서 삼진을 당합니다. 이 선수를 처음 본 관객이라면 "저 선수 정말 못하네. 2군으로 내려보내!"라고 말하겠죠. 하지만 그 선수는 리그에서 60홈런을 기록한 홈런왕이었습니다. 비록 해당 시점에는 삼진을 당했지만, 리그 전체로 보면 강타자였던 것이죠.

역사상 가장 위대한 홈런타자로 기억되는 베이브 루스의 경우 홈런보다 삼진이 많았지만, 그는 홈런을 많이 쳤던 위대한 타자

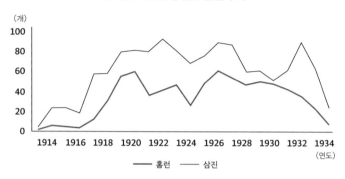

베이브 루스의 홈런과 삼진 추세

(개)

━━ 홈런   ━━ 삼진

(연도)

로 우리의 기억에 남아 있습니다.

한 번의 경험이나 모습만으로 현상을 판단하면 오류가 발생할 가능성이 높습니다. 그렇다면 모집단을 대표하는 표본은 몇 개가 적절할까요? 표본(야구 기록)의 수가 너무 적으면 모집단(베이브 루스)에 대해 잘못된 추정을 하기 쉽습니다. 대표성을 갖기 어렵기 때문입니다. 표본의 크기가 많아질수록 평균을 추정하기 위한 표본분포의 질은 당연히 향상됩니다.

그래서 하나의 현상을 특정 시점에 파악하는 것도 중요하지만, '시계열'에 따라 변화를 확인해보는 것도 필요합니다. 그럴 경우, 다음과 같은 세 가지를 설명할 수 있습니다.

첫째는 '추세'입니다. 데이터가 장기적으로 증가하거나 감소할 경우 추세가 있다고 합니다. A 그래프는 서울특별시 인구수로 하

지역별 인구수 변화 추세(2012~2021년)

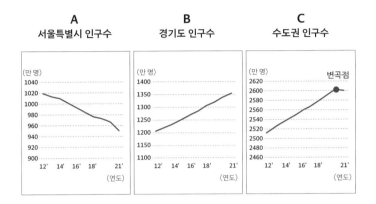

강 추세고, B 그래프는 경기도 인구수로 상승 추세입니다. 선형적(1차원) 추세는 기울기를 분석하면 의미가 분명해집니다. 기울기가 갑자기 가팔라지거나 완만해지는 시점에는 어떤 변경점이 있을 수 있습니다.

추세가 반드시 선형적으로 나타나는 것은 아닙니다. 어떤 추세는 증가에서 감소로 변하거나, 감소에서 증가가 되기도 합니다. A와 B를 합산한 수도권 인구수를 나타낸 C 그래프는 2020년까지 증가하다가 2021년도에 감소했습니다. 이런 경우 '추세의 방향이 변화했다.'라고 하며 이 시기를 변곡점이라고 합니다.

두 번째는 '계절성'입니다. 1년의 특정한 분기나 월, 주를 기준으로 같은 요일에 지수가 일정하다면 계절성이 있는 것입니다. 계절성은 빈도의 형태로 나타납니다. 단순한 예로는 여름의 아이스크림 매출이 있습니다. 여름철 매출 증가와 겨울철 매출 감소, 매장의 주중(월~금)과 주말(토~일) 간 매출의 차이에서도 계절성이 발견됩니다.

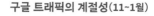

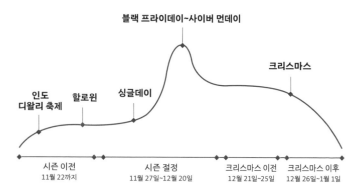

앞의 그림은 구글 트래픽의 계절성(11~1월)입니다. 트래픽이란 인터넷상에서 서버에 흐르는 데이터의 양을 의미하는데요, 네트워크에 동시에 많은 사용자가 접속할 경우 요청과 응답 수가 늘어나 데이터의 양이 폭증하게 됩니다. 데이터 폭증은 대학교 수강신청이나 콘서트 티켓팅처럼 특정 날짜에 몰리기도 하지만,

1년 치 자료를 분석해보면 계절성이 발견됩니다. 구글의 트래픽을 분석한 결과, 가장 많은 사용자가 몰리는 기간은 미국의 최대 명절인 추수감사절 전후로 9월에 시작해 12월 말까지 이어지는 것으로 나타났습니다. 블랙 프라이데이의 온라인판이기도 한 '사이버 먼데이'는 미국의 추수감사절 이후 돌아오는 첫 번째 월요일로 일상으로 돌아온 소비자들이 온라인 쇼핑에 몰려 매출액이 급등하는 기간입니다. 이때 다수의 인터넷 쇼핑몰은 대대적인 세일에 들어가고, 광고주에게 트래픽의 계절성을 전달해 광고 효과를 극대화할 수 있습니다.

세 번째는 '주기성'입니다. 시기적으로 특정한 모습을 발견할 수는 없지만 일정한 형태로 그래프가 증가하거나 감소하는 경향을 말합니다. 발생 주기가 일정하지 않은 것이 특징으로 대표적인 사례가 하락과 상승을 반복하는 '경기순환'입니다. 몇 년 전 자주 등장했던 '10년 경제 위기설'이 대표적인 사례입니다.

업무 지표를 시계열에 따라 추세, 계절성, 주기성을 바탕으로 해석하면 의미 있는 해석이 도출됩니다. 담당하는 업무에 따라 이 세 가지를 모두 찾아 분석하거나 추세를 확인함으로써 기울기가 변하는 변경점이나 방향이 달라지는 변곡점을 업무에 활용해도 좋습니다.

8

상관관계와 인과관계는 엄연히 다르다

선배님, 회사에 직원 채용이 증가하면서 매출도 늘어나고 있네요.

상관계수가 0.8이면 양의 상관관계가 강하네요.

직원들이 늘어난 게 확실히 매출 증대에 기여한 것이겠죠?

아니에요. 반드시 그렇지는 않아요. 반대로 매출이 증가해서 인력을 늘렸을 수도 있고, 시장을 선도하는 신기술의 제품이 계속해서 출시되면서 매출이 증대된 것일 수도 있고요.

상관관계가 있다고, 반드시 인과관계가 있는 것은 아니네요.

＊ K전자에서 네 가지 색상의 휴대폰을 출시하기 전 색상에 따른 연령대별 매출을 조사했습니다. 데이터에서는 연령과 매출처럼 짝을 이루어 분석해야 하는 경우가 있습니다. 매장 크기와 매출, 종업원 수와 매출, 제품 가격과 고객만족도 등도 그렇습니다. 짝을 이루어야 하는 이유는 두 항목 간의 상관 관계를 파악하기 위함입니다.

짝을 이루는 데이터를 그래프에 표시하면 여러 점이 찍힌 모양이 되는데요, 이를 '산점도'라고 합니다. 산점도를 그리는 이유는 짝을 이루는 데이터를 시각적으로 나타내 데이터의 경향을 직관적으로 파악하기 위함입니다.

다음의 산점도는 가로축(X)이 연령대, 세로축(Y)이 매출액으로 임의의 값을 넣어 만든 자료입니다. ①의 화이트 색상처럼 X(연령대)가 높아질수록 Y(매출)가 증가하는 경우를 양의 상관관

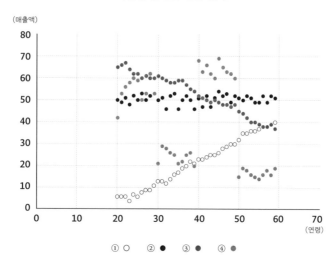

색상별 휴대폰 매출 실적

① 화이트 색상	연령이 증가할수록 매출 증가
② 블랙 색상	연령대와 상관없이 매출 일정
③ 핑크 색상	연령이 증가할수록 매출 감소
④ 블루 색상	20, 40대에서는 매출이 높고 30, 50대에서는 낮음

계가 있다고 하고, ③처럼 연령대가 높아질수록 매출이 감소하는 경우를 음의 상관관계가 있다고 합니다. 그리고 ②와 ④처럼 X와 Y가 일정한 관계가 없는 경우에는 상관관계가 낮거나 없다

숫자 해석력

고 표현합니다.

이렇게 가로축과 세로축이 얼마나 강한 상관관계를 가지느냐를 나타내는 것이 '상관계수'입니다. 상관계수는 −1부터 1까지의 값을 가지는데, 1에 가까울수록 양의 상관관계가 강하고, −1에 가까울수록 음의 상관관계가 강합니다.

④는 연령대에 따라 판매가 증가했다가 감소했으므로 상관계수는 0에 가깝지만, '상관관계가 없다.'가 아니라 '직선적인 상관계수가 없다.'라고 이야기하는 것이 정확합니다. 상관계수는 직선적인 관계에서만 의미가 있기 때문입니다.

상관관계는 기온과 에어컨·난방기구·얼음·아이스크림 등의 수요, 광고비와 매출, 비만과 질병 등 여러 항목에 활용됩니다. 이를 제대로 분석하면 상대를 쉽게 설득할 수 있습니다. 의사가 환자에게 "체중관리 하셔야 합니다. 비만이 만병의 근원입니다." 라고 하는 것은 이러한 비만과 질병의 상관관계에 근거한 말입니다.

상관관계에서 제일 중요한 부분은 상관관계가 인과관계는 아니라는 점입니다. 상관관계가 있다는 것은 하나의 변수가 상승할 때 다른 변수도 상승하고, 하나의 변수가 감소할 때 다른 변수도 감소했다는 '상황적 의미'입니다. 하나의 변수가 다른 변수의 증감에 직접적인 영향을 미쳤는지는 답할 수 없습니다. 실제로 상관관계를 인과관계로 혼동하는 경우가 자주 발생합니다. 그러므로 상관관계가 높다고 해도 두 변수 간에 영향이 없을 수도 있고, 특정한 결과를 발생시킨 다른 변수가 존재할 수도 있습니다. 이와 관련해 자주 회자되는 이야기가 '초콜릿 소비량과 노벨상 수상자 수' 연구입니다.

2012년 미국 컬럼비아 대학의 프란츠 H. 메서리 박사는 《뉴잉글랜드 의학저널New England Journal of Medicine》에 흥미로운 연구 결과를 발표했습니다. 주요 내용은 '연간 1인당 초콜릿 소비량'과 '인구 백만 명당 노벨상 수상자 수' 사이에 상관관계가 있다는 것이었습니다. 1년간 국민 한 사람이 소비하는 초콜릿이 약 400g 정도 늘면 그 나라의 노벨상 수상자가 한 명 더 배출된다는 것이 핵심이었습니다.

카카오에 포함된 테오브로민Theobromine 성분은 분명 뇌 활동을 촉진시킵니다. 다만 이것만으로 초콜릿 소비량과 노벨상 수상자 수 사이의 인과관계를 추측하는 것은 논리적으로 비약입니다. 상관관계가 높다고 반드시 인과관계도 높은 것은 아니기 때문입니다. 연구를 진행한 메서리 박사 역시 경제 수준이나 교육 등 다른 변수의 영향을 간과할 수 없다고 부연 설명했습니다.

이처럼 데이터의 연관성을 파악하기 위해 상관관계를 알아보는 것은 설득력과 논리력을 높이는 중요한 일입니다. 하지만 판단에 앞서 다른 변수가 없는지를 늘 확인하고 검증하는 자세가 필요합니다. 매장의 크기가 높다고 반드시 매출이 높아질까요? 유동인구가 많거나 종업원의 서비스가 유독 뛰어난 것은 아닐까요? 데이터를 판단하기에 앞서 다른 변수들도 함께 고려해보면 좋겠습니다.

"구슬이 서 말이라도 꿰어야 보배"라고 했습니다.
아무리 가치 있는 데이터라도
적합한 형태로 보여 주지 못하면 소용이 없습니다.
숫자를 적재적소에 활용하는 힘을 갖추면
페이퍼 위에서 죽어 있던 숫자들에
새로운 생명력을 불어넣을 수 있습니다.

STEP

3

나에게 필요한
숫자를 찾습니다

숫자 구성력

13579

2468

1

정성적인 것은 정량화한다

차장님, 아침에 기사를 보니 우리나라 행복지수가 2022년 세계행복보고서 기준으로 146개국 중에서 59위라고 하네요.

국가별 행복 순위를 알아볼 수 있다는 게 신기해요. 행복이라는 정성적인 부분을 정량화한 데 큰 의미가 있는 것 같아요.

저도 그렇게 생각해요.
행복은 결코 정량화할 수 없을 것 같은 개념이잖아요.

기준에 맞게 수치화하니 국가별 순위도 알 수 있고, 관련 부처는 대책을 마련하는 데 활용하기도 좋겠어요.

＊ 비즈니스 현장에서는 모든 것을 정량화해야 하지만, 모든 부분을 수치화하기란 생각보다 어렵습니다. 매출, 이익, 비용, 설비가동률처럼 정량화된 수치가 있는 반면, 상황에 대한 인식과 같이 성질을 고려해 정성적으로 표현되는 영역도 있고, 광고에 따른 선호도 변화처럼 정성적 데이터와 정량적 데이터가 혼재되는 부문도 있습니다.

정성적으로 표현해야만 하는 인식·행동·감성 등은 정량화가 어렵다는 반증입니다. 하나의 현상을 설명할 때 모든 변수를 고려해 정량화하는 것은 현실적이지 않고, 주요 변수로만 정량화하기에는 대표성의 한계가 있습니다. 하지만 정성적 자료를 업무에 활용할 때 겪는 어려움이 더 크기에 정량화하는 과정은 반드시 필요합니다.

예를 들어, '직장인의 성실함'이라는 정성적인 항목을 어떻게 정량화할 수 있을까요? '성실함'을 근무 시간과 출근 시간이라는 반복되는 주요 변수만으로 측정하면 양적인 측면은 설명되겠지만, 질적인 측면인 근무 시간의 집중도는 나타내지 못합니다. 그렇다고 집중력을 합리적으로 정량화할 지수 또한 찾기가 어렵습니다.

하지만 이런 항목 중에도 이미 정량화된 것이 많습니다. 대표적으로 '행복지수'가 그렇습니다. 행복은 측정하기 어려운 정성적인 부분임에도 행복지수라는 정량화된 수치로 만들어졌습니다. 유엔 산하 자문기구인 지속가능발전해법네트워크(Sustainable Development Solutions Network, 이하 SDSN)에서는 매년 세계 행복지수 순위를 발표합니다. 2012년부터 매해 국내총생산^{GDP}, 기대수명, 사회적 지지, 자유, 부정부패, 관용의 여섯 가지 항목을 토대로 국가별 행복지수를 산출하고 있습니다.

국민 개개인이 느끼는 행복의 정도를 여섯 가지 항목만으로 표현할 수 있을지 의문입니다. 그럼에도 이 지수는 행복을 정량화할 수 있다는 점, 이를 통해 국가 간 순위를 비교하고 세부 항목의 변동성을 확인할 수 있다는 것에 긍정적인 의미가 있습니다. 국가적인 차원에서 시간과 자원을 집중해야 하는 분야를 파악할 수 있으니까요.

유사한 맥락으로 '경제고통지수'도 있습니다. 미국 브루킹스연

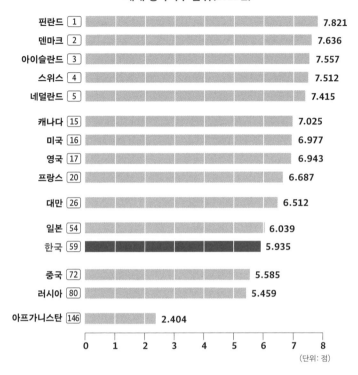

세계 행복지수 순위(2022년)

국가	순위	점수
핀란드	1	7.821
덴마크	2	7.636
아이슬란드	3	7.557
스위스	4	7.512
네덜란드	5	7.415
캐나다	15	7.025
미국	16	6.977
영국	17	6.943
프랑스	20	6.687
대만	26	6.512
일본	54	6.039
한국	59	5.935
중국	72	5.585
러시아	80	5.459
아프가니스탄	146	2.404

(단위: 점)

구소의 경제학자 아서 오쿤이 고안한 경제고통지수는 국민이 체감하는 경제적 어려움을 계량화한 것입니다.

'체감'과 '어려움'이라는 단어에서 볼 수 있듯 개인이 경제 상황을 파악하는 기준은 모두 다르기에 숫자로 표현하는 데는 한계가 있습니다. 경제고통지수는 소비자물가 상승률과 실업률을 더해서 산출하는데, 소비자물가 상승률이 2%고 실업률이 3%라면 경제고통지수는 5%가 됩니다. 단순하고 명쾌합니다. 이 두 지표만으로는 체감경기의 어려움을 정확하게 나타낼 수 없지만, 직관적 평가는 가능합니다. 경제 상황을 계량화하는 지표는 다양하지만 실업률과 물가 상승률은 국가별로 국민이 느끼는 삶을 계량화하고 비교하기 쉬운 지표이므로 국제적으로 자주 활용되고 있습니다.

행복과 경제적 고통, 수치할 수 없을 것 같은 두 개념을 어떻게 정량화할 수 있는지 알아보았는데요, 정량화된 지표의 한계점과 장점을 굳이 인용한 것은 회사에서 필요한 지표들도 마찬가지이기 때문입니다.

어떠한 것을 정량화해야겠다고 판단할 때, 비슷한 범주에 이미 정량화된 지수가 있는지 확인해보는 것이 좋습니다. 이미 공식적으로 사용하는 지수일 수도, 회사에서 자체적으로 만들어 통용하는 지수가 있을 수도 있습니다. 하지만 아직 정량화되어 있지 않은 개념이라면 다음과 같은 방법으로 측정하고 만들어 볼 수 있습니다.

정성적인 데이터를 정량화하는 방법은 '수량화'라고도 하는데요, 숫자로 직접 표시하기 어려운 특성에 간접적으로 수량을 매기는 것입니다. 이것은 통계적 기술을 활용하는 것으로 지표화,

척도화, 지수화 세 가지의 방법으로 나눌 수 있습니다.

첫 번째는 '지표화'입니다. 정량화하려는 정성적인 데이터와 상관관계가 높은 하나의 양적 변수를 찾는 것입니다. '문화의 정도는 영화 소비량으로 알 수 있다.'라고 할 때, 영화 소비량을 문화 수준의 지표로 채택하는 것입니다. 수량화 방법 중에서는 정교하지 않지만, 다른 변수들의 산포가 크다면 가장 유용한 방법이기도 합니다.

두 번째는 '척도화'입니다. 지표화와 달리 상관관계가 높은 둘 이상의 양적 변수를 바탕으로 1차식으로 값을 산출하는 것입니다. 1차식이란 일반적으로 양적 변수들의 합이나 산술평균입니다. '부서원들의 학습 의지'를 척도화할 때, 교육 신청률과 교육 참가율의 산술평균을 구합니다.

세 번째는 '지수화'입니다. 척도화와 유사하지만, 1차식 이외의 대수식을 만들어 값을 구하는 것입니다. 부서원들의 학습 의지를 나타내는 교육 신청률과 교육 참가율의 1차식에서 더 발전시킨 형태로 평가 참여 횟수, 평가점수, 도서 구매량 등을 변수로 한 대수식을 추가로 만드는 것입니다.

지표화에서 척도화, 지수화로 넘어갈수록 더 많은 변수를 담을 수 있을뿐더러 수식이나 가중치를 더하면 정밀도를 높일 수 있습니다.

정성적인 데이터 '부서원들의 학습 의지'를 정량화하는 방법

- 지표화: 교육 신청률

- 척도화: $\dfrac{\text{교육 신청률}+\text{교육 참가율}}{2}$

- 지수화: $\dfrac{\text{교육 신청률}+\text{교육 참가율}}{2}+\dfrac{\text{도서 구매 권수}}{100}$

  $+\,\text{교육 수료율}\times\left(\dfrac{\text{평가점수}}{100}\right)^{2}$

정량화의 세 가지 방법을 토대로 A~E팀 부서원들의 학습 의지를 숫자로 나타내보았습니다. 이와 같은 수량화 방법으로 측정한 결과, 지수화 점수를 기준으로 D팀의 학습 의지가 1.6점으로 다른 팀과 비교해 높은 것으로 나타났습니다.

물론 정량화 과정에서 반영하는 변수가 많다고 좋은 것만은 아닙니다. 특정 변수에 따라 수치가 크게 달라질 수 있으므로 필수 변수만 반영하거나, 가중치(148쪽 참고)를 활용하는 것이 필요합니다.

부서원들의 학습 의지

구분	조직 정보	부서별 학습 정보				
	총 인원 (명)	교육 신청 인원(명)	교육 참석 인원(명)	교육 수료 인원(명)	평가점수 (평균, 점)	도서 구매 권수 (월간,권)
A팀	30	10	9	9	85	15
B팀	45	20	16	16	75	20
C팀	35	10	7	4	90	15
D팀	20	4	4	4	95	10
E팀	38	14	12	10	85	19

부서별 학습지수 수량화

① 지표화	② 척도화	③ 지수화				
		교육 신청 점수	교육 참가 점수	교육 수료 점수	도서 구매 점수	최종
0.33	0.62	0.33	0.90	0.72	0.15	**1.49**
0.44	0.62	0.44	0.80	0.56	0.20	**1.38**
0.29	0.49	0.29	0.70	0.46	0.15	**1.11**
0.20	0.60	0.20	1.00	0.90	0.10	**1.60**
0.37	0.61	0.37	0.86	0.60	0.19	**1.40**

(단위: 점)

2

복잡한 것은
단순화한다

대리님, 작년도 A사와 B사의
영업이익을 비교해주실래요?

네, A사의 작년도 이익을 확인해보니 매출액은 529억 원,
영업이익은 52억 원, 매출원가는 450억 원입니다.
B사는 같은 기간 매출액 435억 원, 영업이익은 44억 원,
매출원가는 354억 원이고요, 추가 영업외이익으로
일시적인 유형자산(부동산) 처분 이익 30억 원이 있습니다.
영업이익률은 A사가 9.8%, B사가 10.1%입니다.
A사의 영업이익은 YoY +3.7%고,
B사는 YoY +2.9%입니다. A사, B사 모두
지속 성장 중이며, 절대적인 영업이익 규모로 보면
A사가 8억 원 더 많았습니다.

네, 설명 잘 들었는데요,
조금 더 단순하게 설명해줄 수 없을까요?

＊ 앞서 등장한 대화에서 대리는 영업이익을 매출액, 매출원가, 영업이익률, YoY$^{\text{Year-on-Year}}$(전년동기대비 증감률)를 통해 보고했습니다. 영업이익과 관련된 대부분의 숫자는 언급한 것 같은데, 더 단순한 설명을 요구하는 대답이 돌아옵니다. 숫자가 많아 어렵고 복잡하다면 이를 나누어서 생각해야 합니다.

회사에는 같은 내용도 어렵고 복잡하게 전달하는 사람이 있는가 하면, 간단명료하게 핵심을 정리하는 사람도 있습니다. 당신은 어떤 사람인가요? 혹시 전자라면, 왜 그렇게 말하게 되는 걸까요?

우선 말하고자 하는 것을 완벽하게 이해하지 못했을 가능성이 큽니다. 복잡한 대상을 단순화하려면 완전히 파악하고 이해해야 합니다. 또 다른 이유로는 어렵게 이야기해야 많이 아는 것처럼 보인다고 생각하기 때문입니다. 회사에서는 당연히 비즈니스 용어를 사용해야 하지만, 필요 이상으로 이를 남발하는 사람들이 있습니다. 우리는 늘 한정된 시간에 무언가를 전달하고 설득해야 하므로 복잡한 것은 단순화해야 합니다.

복잡한 숫자를 단순화하는 방법은 큰 덩어리 값을 인당이나 개당, 혹은 평당으로 '개별화'하는 것입니다.

앞의 대화에서 A사와 B사의 영업이익 비교로 돌아가보겠습니다. 매출액, 영업이익만으로는 절대적인 이익 규모를 비교하는 것 이상은 어렵습니다. 숫자는 크지만, 그 속에 담긴 정보의 양이 적기 때문입니다. 이런 경우에는 매출액이나 영업이익을 종업원 수로 나누어 '1인당 매출액', '1인당 영업이익'을 만들어볼 수 있습니다.

이렇게 파악한 '1인당 숫자'를 보면 A사와 B사 이익의 세밀한 비교가 가능합니다. 전체 영업이익으로만 보면 A사(52억 원)가 B사(44억 원)보다 뛰어나 보이지만, 1인당 영업이익으로 보면 B사가 A사보다 더 많은 이익을 냈음을 알 수 있습니다.

영업이익 비교 표를 살펴보면 A사의 1인당 영업이익은 1300만 원(52억 원/400명), B사는 2000만 원(44억 원/220명)입니다. 이를 통해 경영 효율성 측면에서는 B사가 더 우수하다는 것을 알 수 있습니다. 영업이익만을 파악하는 것이 아니라면 종업원 수를 감안한 '1인당 숫자'로 표현하는 것이 더 단순하면서 경영의 효

A기업과 B기업의 영업이익 비교

구분(원)	A사	B사	우위 기업
매출액	529억	435억	A사
영업이익	52억	44억	A사
매출원가	450억	354억	
1인당 영업이익	1300만	2000만	B사
종업원 수(인)	400	220	
1개 제품별 영업이익	32.5만	40만	B사
판매 제품 수(개)	16,000	11,000	
단위면적당 영업이익	104만	176만	B사
단위면적(평)	5,000	2,500	

- 1인당 매출액 $= \dfrac{\text{총매출액}}{\text{종업원 수}}$, 영업이익 $= \dfrac{\text{영업이익}}{\text{종업원 수}}$

- 1개당 매출액 $= \dfrac{\text{총매출액}}{\text{판매 제품 수}}$, 영업이익 $= \dfrac{\text{영업이익}}{\text{판매 제품 수}}$

- 1평당 매출액 $= \dfrac{\text{총매출액}}{\text{총면적(평)}}$, 영업이익 $= \dfrac{\text{영업이익}}{\text{총면적(평)}}$

율성도 판단할 수 있어 설득력이 높습니다.

제품 수로 '1개당 숫자'를 만들어볼 수도 있습니다. 매출액이나

방안별 제품 1개당 가격

- 제품 추가 제공: $\dfrac{1{,}000원 \times 10개}{10개 + 1개} = 909원$

- 10% 할인: $1{,}000원 \times 0.9 = 900원$

영업이익을 판매 제품 수로 나누어 '제품당 수익력'을 만드는 방법입니다. 이런 측면으로 보면 A사는 32.5만 원(52억 원/16,000개)이고, B사는 40만 원(44억 원/11,000개)으로 제품 수익력 측면에서는 B사가 더 우수합니다. 같은 원리로 단위면적당 영업이익도 구할 수 있겠죠.

제품을 개별로 파악해야 하는 사례를 하나 더 들어볼까요? 화장품 회사에서 신제품 프로모션으로 할인 행사를 기획하고 있습니다. '열 개 구매 시 제품 하나를 더 주는 방안'과 '열 개 구매 시 10%를 할인해주는 방안'이 있습니다. 여러분이 담당자라면 어떤 방안을 선택하겠습니까?

이때도 '1개당 가격'을 계산해보면 쉽게 의사결정을 할 수 있습니다. 회사 담당자 입장에서는 판매 가격을 더 받을 수 있는 '제품 추가 제공 방안'으로 프로모션을 진행하는 것이 이득이겠

132

숫자 구성력

국내 주요 편의점 매출액(2020년)

	매출액	가맹점별 평균 매출액	가맹점 면적(3.3m²)당 평균 매출액
GS25	8조 5692억	6억 2352만	3254만
CU	6조 1678억	5억 8399만	2608만
세븐일레븐	4조 683억	4억 6504만	2548만

죠. 물론 소비자 입장에서는 10%를 할인해주는 것이 더 이득입니다.

이번에는 면적으로 '1평당 숫자'를 만들어볼 수도 있습니다. 서울에 있는 대형매장의 영업이익과 지방에 있는 중형매장의 영업이익이 같다는 것은 어떤 의미일까요? 아무래도 지방에 있는 중형매장이 영업을 잘한 것이겠죠? 이런 경우 영업이익을 매장 면적으로 나누어 판매량으로 단순화하면 파악이 더 쉽습니다.

앞의 표에서 A사의 매장이 5,000평이고, B사가 2,500평이므로 1평당 판매 영업이익은 A사가 104만 원(52억 원/5,000평), B사가 176만 원(44억 원/2,500평)입니다. 매장 수익력 측면에서는 B사가 더 우수합니다.

이를 활용한 사례를 하나 더 살펴보겠습니다. 다음은 주요 편의점의 2020년 매출액을 나타낸 표입니다. 가맹점별 매출액과

가맹점 면적당 매출액의 크기는 GS25, CU, 세븐일레븐순으로 일치하지만, 가맹점 면적당 매출액의 격차는 상당히 줄어드는 것을 알 수 있습니다.

지금까지 숫자 개별화를 통한 단순화 방법으로 1인당, 1개당, 단위면적당 사례를 살펴보았는데요, 목적에 따라 지점별이나 생산설비별, 근무시간별, 제품가공 시간당 등으로 확장해볼 수도 있습니다.

복잡한 숫자를 단순하게 만드는 또 다른 방법은 '쪼개기'입니다. 이것은 숫자가 가진 의미를 최소 단계까지 나눠보는 것입니다. 매출액을 지역별로 쪼갠 후 다시 지점별로 나누거나 생산량을 공장별로 쪼갠 후 다시 제품별로 나누는 것 등이 있습니다. 판매액을 연령대나 성별 등 고객층에 따라 볼 수도 있습니다.

현대자동차 홈페이지에서 '주요판매실적'을 확인할 수 있습니다. 2020년 현대자동차의 자동차 판매 대수(국내 기준)는 78.8만 대입니다. 이것은 승용차, SUV, 전기차로 나눌 수 있는데, 승용차는 38.1만 대, SUV는 24.8만 대, 전기차는 15.8만 대였습니다. 승용차, SUV, 전기차로만 쪼개더라도 78.8만이라는 숫자를 이해하는 것이 단순해집니다. 승용차는 다시 제품별로 제네시스, 그랜저, 소나타 등으로 나눠지며 이는 다시 모델별, 즉 제네시스 G90, G80, G70으로 나누기도 합니다.

큰 숫자를 쪼개서 작은 숫자로 만들고, 이를 또 쪼개서 더 작은 숫자로 만드는 식입니다. 반드시 의미의 최소 단계까지 이를 필요는 없습니다. 한두 단계만 거쳐도 처음의 복잡함이 확연하게 줄어듭니다. 크고, 복잡한 숫자를 쪼개면서 작고 단순하게 만들면, 처음에는 보이지 않던 의미들이 보이게 될 것입니다.

3 반복되는 것은 규칙으로 만든다

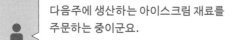

다음주에 생산하는 아이스크림 재료를 주문하는 중이군요.

매주 월요일마다 재고와 다음 주 생산량을 파악하고, 필요한 재료를 주문해야 해요.

매주 반복하는 업무면 이제는 능수능란하겠는데요?

그게 저도 고민인데요, 꼭 그렇지만은 않거든요. 이 업무를 시작한 지 이제 반년이 다 되어가는데 아직도 시간이 꽤 걸리네요. 신제품 재료 주문이 추가된 것도 아닌데 말이죠.

반복되는 일은 규칙적인 패턴이 있을 거예요. 업무 시간을 단축할 수 있게 패턴을 찾아보세요.

＊ 데이터 수치화의 시작이 정량화라면, '로직화'
는 마무리입니다. 로직화는 데이터를 일련의 과정(규칙이나 방법)
으로 산출하는 것입니다. 이로써 반복되는 작업을 쉽게 처리할
수 있으며 데이터가 변경되어도 그에 맞게 대처할 수 있습니다.

어떠한 직무에서든 이처럼 반복되는 수치화 작업이 있기 마련
입니다. 영업 담당자라면 매출 예측이나 관리, 기획 담당자라면
팀의 주요 지수 파악, 재고 담당자라면 안전재고 확보 등이 해당
될 것입니다. 그 일에는 반드시 규칙이나 방법이 있습니다.

한 아이스크림 회사의 재고 담당자는 월요일에 출근해 다음
주 아이스크림 생산에 필요한 재료를 주문합니다. A아이스크림
을 한 개 만드는 데 필요한 재료는 우유 두 팩, 초콜릿 한 개, 설
탕 다섯 개인데요, 다음 주 예정 생산량이 1,000개이므로 우유
2,000팩, 초콜릿 1,000개, 설탕 5,000개가 있는지 재고량을 우선

확인해야 합니다. 그리고 금주 아이스크림 생산 후 남을 재고량을 파악한 다음 최종 주문량을 결정합니다.

A아이스크림 생산을 위한 재료 주문량

= A아이스크림 생산량×생산단위별 재료 1(우유) 필요량
+ A아이스크림 생산량×생산단위별 재료 2(초콜릿) 필요량
+ A아이스크림 생산량×생산단위별 재료 3(설탕) 필요량

재료 주문량은 '생산량×재료 필요량'입니다. 아주 단순하지만 명확한 수식입니다. 업무를 로직화할 때 고도의 수학적 지식이 필요하지는 않지만 정확한 수량을 확인할 수 있느냐가 관건이겠죠. 수학적인 표현을 살짝 덧붙이자면, 독립변수(우유, 초콜릿, 설탕)와 종속변수(아이스크림)와의 관계를 구체적으로 확인하는 것이 중요합니다.

그런데 생산하는 아이스크림이 A만 있지는 않겠죠? B와 C아이스크림도 만들 것입니다. 각각의 아이스크림을 만들 때 필요한 재료의 양이 다를 수 있습니다. 아이스크림에 따라 아몬드, 땅콩 등 추가 재료가 필요할 수도 있지만, 앞서 언급한 '로직(재료 주문량=생산량×생산단위별 재료 필요량)'에는 변함이 없습니다.

아이스크림을 만드는 데 필요한 재료량을 로직화해 숫자판을

아이스크림별 재고 주문량

아이스크림		재료										
		우유		초콜릿		설탕		호두		땅콩		총
품목	생산량	생산 단위별 필요량	주문 필요량	생산 단위별 필요량	주문 필요량	생산 단위별 필요량	주문 필요량	생산 단위별 필요량	주문 필요량	생산 단위별 필요량	주문 필요량	
A	1,000	2	2,000	1	1,000	5	5,000	0	0	0	0	8,000
B	500	3	1,500	0	0	4	2,000	1	500	1	500	4,500
C	600	4	2,400	2	1,200	5	3,000	1	600	0	0	7,200
총	2,100	-	5,900	-	2,200	-	10,000	-	1,100	-	500	19,700

(단위: 개)

만들면 표와 같습니다. 이렇게 표를 만들면 가시화할 수 있다는 것 외에 두 가지 장점이 있습니다. 첫째는 독립변수(X, 재료)의 증감에 따른 종속변수(Y, 아이스크림)의 증감량 파악이 용이하다는 것이고, 둘째는 종속변수(Y, 아이스크림) 증감에 따른 독립변수(X, 재료) 필요량 파악이 용이하다는 것입니다.

독립변수와 종속변수 간에 로직으로 연결된 숫자판이 있으면, 각각의 변수가 달라지더라도 그 변화를 빠르게 수치화할 수 있는 것이죠. 반복되는 업무는 로직으로 연결하고, 연결된 로직은 숫자판으로 만들어보는 것을 추천합니다.

로직은 경영학이나 회사 차원에서 이미 많이 만들어져 있습니다. '재고자산회전율'이나 '설비종합효율'처럼 공식화된 경우도 있습니다. 공식화된 로직을 상황에 맞게 차용하면 됩니다. 또한 각 회사의 특수한 상황과 업무에 맞는 로직도 대부분 이미 만들어져 있으므로 굳이 새로 만들어야 한다는 부담감을 가질 필요는 없습니다. 물론 완전히 새로운 모델의 사업이나 업무를 수행한다면 로직이나 관리 지수도 새롭게 만들어야겠지만, 흔치 않은 일입니다.

로직에 대해 조금 더 깊이 이야기해볼까요? 앞서 로직을 만들 때 X(독립변수)와 Y(종속변수)와의 관계가 중요하다고 강조했습니다. Y에 영향을 주는 요소인 X를 정확히 파악해 X가 하나라도 누락되지 않아야 정확한 Y값이 산출될 수 있습니다. A아이스크림을 만드는 데 우유와 설탕만 발주하고 초콜릿은 발주하지 않는다면, 제품을 만들 수 없습니다. 또한 발주 개수도 정확히 파악해야겠죠. 설탕이 네 개밖에 없으면, 마찬가지로 제대로 된 제품을 만들 수 없을 것입니다.

현업에서 일하다 보면 Y에 영향을 주는 X의 개수가 너무 많아 고민에 빠질 때가 많습니다. 모든 X를 고려하자니 복잡성이 높아지고, 반대로 모든 X를 고려하지 않으면 Y값의 정합성이 낮아지는 딜레마에 빠지기 때문입니다.

이런 경우는 X를 주요 그룹과 주변 그룹으로 분류해 로직을 만들어 Y값을 산출하는 것도 한 가지 방법입니다. A~C아이스크림을 만드는 데 우유, 설탕, 초콜릿, 호두, 땅콩이 필요하다면, 필요량이 많은 우유, 설탕, 초콜릿을 주요 그룹으로, 필요량이 적은 호두, 땅콩은 주변 그룹으로 묶어 로직화하는 것입니다.

로직화에서 X(독립변수)와 Y(종속변수)와의 관계만 정리되면, 수식은 사칙연산으로 쉽게 만들어집니다. 데이터 수치화부터 패턴을 만드는 로직화까지 할 수 있다면, 반복되는 작업은 빠르게 대응하고 변화하는 상황에도 능숙하게 대처할 수 있습니다.

4 예상되는 것은
시나리오화한다

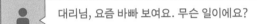

대리님, 요즘 바빠 보여요. 무슨 일이에요?

브랜드 자체 앱을 개발 중인데 수정이 많아서
출시일이 조금씩 밀리네요.

그래서 요즘 계속 야근 중이군요.

프로젝트 시작 당시, 팀장님이 납기를 못 지킬 때를
대비해서 지연 영향이나 플랜B를 세워보라고 하셨거든요.
그때는 왜 잘될 것보다 안 될 걸 생각하라 하시는지
답답했는데…….

앱 개발이면 이해관계자가 많아서 힘들었을 텐데
이만큼 끌고 온 것도 대단해요. 힘내요!

＊ 여러분이 어떤 프로젝트의 담당자라면, 아마도 상사로부터 이런 질문을 받아보았을 겁니다.

📢 이번 프로젝트 어떻게 될 것 같아요?

잘되고 있는 점보다 어려운 점 중심으로 브리핑해주세요.

현재 문제가 무엇일까요? 해결하기 위해 뭘 준비하고 있죠?

질문을 받은 프로젝트 담당자는 곤혹스럽겠네요. 성공할 것이고, 계획대로 잘 준비되고 있어 결과가 좋을 것이라고 답변하겠지만, 불확실한 미래를 어떻게 정확히 맞힐 수 있을까요? 프로젝트를 성공적으로 수행하기 위한 전략을 수립하고 실행방안을 구체화하며 노력할 뿐이겠죠.

업무를 수행할 때 가장 큰 어려움은 '불확실성'입니다. 의사결정 시점에서는 최적의 판단이었지만, 항상 기대했던 대로 결과물이 나오지는 않기 때문입니다. 예상했던 장애물이 생각보다 단단하기도 하고, 예상하지 못한 장애물이 등장하기도 합니다.

경험이 많은 상사는 장밋빛 전망을 좋아하지 않습니다. 오히려 긍정적 전망에 강한 불안감을 드러내며 리스크risk나 리스크 헤지risk hedge 방안에 대한 여러 질문을 던집니다. 그렇다면 이러한 질문에 대응하기 위해 우리는 무엇을 해야 할까요?

내년도 매출 확대 방안을 고민하고 있다고 가정해봅시다. 아이디어 회의에서 수립한 여러 가지 매출 증대안을 다듬어 기대 효과까지 파악한 상태입니다. 일반적으로 대부분의 담당자는 일이 잘되는 경우만을 준비합니다. 일을 망치고 싶은 마음은 없으므로 그 누구도 "이번 프로젝트가 30억 원의 손실을 발생시키며, 10% 확률로 실패할 가능성도 있습니다."라고 이야기하지는 않겠죠.

그런데 실패 상황에 대비한 시나리오까지 준비하면 어떨까요? 의사결정에 도움이 될 뿐 아니라 그러한 상황을 만들지 않기 위해 무엇을 해야 하는지도 논의할 수 있습니다. 더욱이 상사에게는 프로젝트 시나리오를 다각도로 점검하고, 대비해야 할 책임이 있습니다. 그렇기에 프로젝트의 전망을 낙관적으로만 생각하지 않고 비판적인 질문을 던질 수밖에 없겠죠. 상사의 입장에서 상황을 고려해 여러 개의 시나리오를 준비하면 머뭇거림 없이 답하고, 준비성 있는 사람으로도 인정받지 않을까요.

실제로 프로젝트가 실패하지는 않더라도, 프로젝트를 준비할 때는 어떠한 위험요소가 있고 최악의 상황에서는 얼마만큼의 손실이 발생할 수 있는지, 그러한 위험요소를 대비하기 위한 방안은 무엇인지까지 준비해야 합니다.

최대한 많은 시나리오를 준비하면 좋을 것 같지만, 차이가 명확하지 않은 비슷한 시나리오들은 의사결정에서 혼란만 가중합니다. 따라서 '명확하게 다른' 세 가지 안으로 상황을 전달하는 것을 추천합니다. 일반적으로 낙관 전망$^{best\,case}$, 비관 전망$^{worst\,case}$, 보통 전망$^{normal\,case}$으로 나누어볼 수 있습니다.

앞서 이야기했던 매출 증대안으로 살펴보겠습니다. 우선 낙관 전망은 프로젝트나 일이 계획대로 잘 풀린 경우입니다. 과거 동일한 매출 증대안을 참고해 실적이 증가하는 상을 그려보는 것입니다. 또는 동종업계에서 성공했던 매출 증대 기준으로 실적이 증가할 수도 있습니다. 만약 과거의 사례에서 20%의 매출 증대가 발생했다면 이번에도 동일한 증가 폭을 예측해보는 것입니다. 이렇게 정확한 수치를 제시할 경우 예상되는 매출액과 이익 또한 정리되어야 합니다.

비관 전망은 일이 계획대로 잘되지 않았을 경우입니다. 매출 증대안을 수행했지만, 소비자들의 반응이 기대에 미치지 못하거나 예상치 못한 경쟁사의 신제품 출시 또는 프로모션으로 이런 결과가 나올 수 있습니다. 이때는 매출 증대안 실행으로 발생한 비용까지 고려하면 실질적인 수익은 마이너스입니다.

보통 전망은 낙관 전망과 비관 전망의 중간 지점입니다. 매출 증대안 실행 시 손익분기점이 평가의 기준입니다. 투입 비용 대비 매출이 증대해야 하는 최소 기준이죠. 예를 들어, 이번 프로젝트는 광고 비용, 단기 인력 고용 비용, 홍보물 제작 비용을 고려했을 때 매출이 최소 3% 증가해야 한다면 이 수치가 기준이 됩니다. 다음의 표로 정리할 수 있습니다.

이처럼 손익분기점은 시나리오를 나누는 기준이 될 수 있습니다. 또한 매출 증가나 수익이 확실하면 증가율 폭으로 세 가지 시나리오를 추가로 만들 수도 있습니다. 30% 매출 증대, 20% 매출 증대, 10% 매출 증대처럼 말이죠.

또한 마케팅 채널안으로도 시나리오를 다각화할 수 있는데요. 예를 들어, 온라인 마케팅만 수행할 경우(case1), 고객 경험 마케팅만 수행할 경우(case2), 온라인과 고객 경험 마케팅을 동시에 할 경우(case3) 등입니다.

이처럼 주어진 업무나 상황에 따라 시나리오가 나뉘는 경우의 수는 다양합니다. 세 가지 안을 낙관 1·낙관 2·낙관 3으로

세 가지 시나리오

스토리	낙관 전망	보통 전망	비관 전망
스토리	과거 프로모션 기준 매출 증가	소비자 반응 미미, 손익분기점	소비자 반응 미미, 경쟁사 저가 제품 대응
매출 증가율	+20%	+3%	+0%
매출 증가액	30억	4억	0억
프로모션 비용	4억	4억	4억
이익	26억	0억	-4억

(단위: 원)

나눌 수도, 비관 1·비관 2·비관 3으로 나눌 수도 있습니다. 시나리오를 다각화하는 목적인 가능성과 이익률을 고려해 가장 최적화된 시나리오를 짜는 것이 중요하니까요. 단, 시나리오와 함께 대응 방안을 모색하는 것을 잊지 마세요.

5 다양한 요인은 가중치로 차별화한다

THU, 09:30

 대리님, 우리가 많이 사용하는 소비자물가지수가 어떻게 산출되는지 알아요?

 아니요. 어떻게 산출되는 걸까요?

 일반 가구에서 일상생활을 유지하기 위해 구입하는 상품과 서비스 458개 항목의 가격 변동을 조사한다고 해요.

 458개나요? 어마어마하네요.

 우리의 일상생활에서 일정한 지출 비중을 차지하는 주요 품목인데요, 이동통신비나 김밥 값은 물론이고 장례비도 포함되어 있어요.

 품목 수가 많다 보니 산출 방법이 중요할 것 같아요.

＊ 소비자물가지수는 물가의 움직임을 한눈에 파악하도록 지수화한 지표입니다. 기준이 되는 시점을 100으로 두고 비교 시점의 물가 수준이 얼마인지를 상대적인 크기로 표시합니다. 2021년 물가지수가 102.5라면 기준 시점인 2020년보다 물가가 2.5% 올랐다는 것을 의미합니다.

소비자물가지수를 산정하는 초기에는 모든 품목에 같은 비중을 두는 산술평균 방식을 사용했는데요, 가구별 소비 지출에서 차지하는 비중이 품목마다 다른 점을 반영하지 못한다는 점을 개선하기 위해 현재는 품목별 가중치를 반영한 가중평균 방식을 사용하고 있습니다. 따라서 현재의 소비자물가지수는 가중물가지수인 셈입니다.

이렇게 하는 것은 각각의 품목이 물가지수에 미치는 영향을 현실화하기 위함인데요, 가구 소비에서 차지하는 비중이 높은

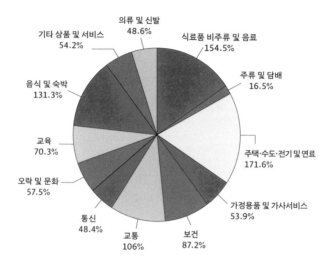

소비자물가지수(2021년)

- 의류 및 신발 48.6%
- 식료품 비주류 및 음료 154.5%
- 기타 상품 및 서비스 54.2%
- 주류 및 담배 16.5%
- 음식 및 숙박 131.3%
- 주택·수도·전기 및 연료 171.6%
- 교육 70.3%
- 가정용품 및 가사서비스 53.9%
- 오락 및 문화 57.5%
- 통신 48.4%
- 교통 106%
- 보건 87.2%

주택·수도·전기 등 주거 및 공과금 지출의 가중치를 제일 크게 부여하고 의류·신발, 주류 및 담배에는 상대적으로 가중치를 작게 줍니다.

예를 들어, 쌀에 대한 지출 비중이 달걀보다 세 배 더 많다면 쌀 가격과 달걀 가격이 똑같이 10% 상승하더라도 쌀이 물가에 미치는 영향이 달걀보다 세 배 큰 것이 합리적이기 때문입니다. 소비를 많이 하는 품목이 소비자물가지수에 더 민감하게 반영되도록 가중치를 활용한 것입니다.

가중치가 증가한다는 것은 해당 품목이 소비 지출액에서 차지하는 비중이 커진다는 뜻이므로 소비자물가지수에 미치는 영향력도 당연히 증가하겠지요. 마찬가지로 가중치가 작아지면 소비자물가지수에 미치는 영향력도 감소합니다.

이렇게 가중치를 사용하는 이유는 현실을 제대로 보여주기 위함입니다. 단, 가중치는 잘못 사용하면 현실을 왜곡시킬 수 있는 양날의 칼과 같습니다.

물가상승률은 낮다고 하는데, 체감 물가는 그렇지 않다.

지표 물가와 실제 물가 사이의 간극이 있다는 것은 뉴스에서 심심찮게 들리는 이야기입니다. 지수를 산정하는 품목별 가중치가 실제를 제대로 반영하지 못한다는 것이 하나의 이유입니다.

직장에서도 가중치는 중요하게 사용됩니다. 회사에서 발생하는 일은 대부분 다양한 요인이 복합적으로 엮여 있기 때문입니다. 이런 경우 다양한 변수에 알맞은 가중치를 적용해야 합리적인 결과가 도출됩니다.

한 달 후 생산되는 제품의 양을 예측할 때 생산량은 생산 리드타임에 따라 달라지는데, 이것은 매일 변하기 때문에 일괄적으로 예측하면 실제 생산량과 차이가 날 수 있습니다. 이런 경우에는 지난 한 달간의 리드타임을 분석해 하루 전의 리드타임에는 높은 가중치를 주고, 30일 전의 리드타임에는 가장 낮은 가중치를 적용해서(과거로 갈수록 낮은 가중치를 주는 방식) 평균을 산출해야 정확한 생산량이 예측됩니다. 이처럼 하루 전의 리드타임에 더 높은 가중치를 부여하는 이유는 최근의 리드타임이 생산 상황을 더 정확하게 반영하고 있는 중요한 수치라고 판단하기 때문입니다.

하지만 가중치의 높낮이를 설정하는 것은 쉬운 일이 아닙니다. 개인의 관점에 따라 가중치의 중요도가 달라질 수 있기 때문입니다. 경제 주간지 《매경이코노미》는 2020년에 시중은행 열일곱 곳을 대상으로 '은행안정성평가'를 진행했는데요, 가중치의 자의성을 배제하려고 평가항목 열 개를 동일한 가중치로 평가하기도 했습니다.

다음 표는 서울의 A자동차 판매점의 월별 자동차 판매실적입니다. 김 대리는 1~4월의 판매실적을 기반으로 5월의 판매실적을 예측하라는 과제를 받았습니다. 어떠한 방식으로 이를 산출해야 할까요?

5월 자동차 판매량은 지난 판매실적에 가중치를 어떻게 부여하느냐에 따라 303~347대까지 다르게 예측됩니다. A판매점의 과거(이전 연도) 판매실적이 월별 편차 없이 비슷하거나 1월

서울의 A자동차 판매점의 판매실적

	1월	2월	3월	4월	5월
판매량(대)	230	340	360	370	?
가중치 A: 가중치 없음	1	1	1	1	325
가중치 B: 최신 실적 우선	1	2	3	4	347
가중치 C: 과거 실적 우선	4	3	2	1	303

의 부진(230대)이 일시적이라고 판단되면 같은 가중치를 부여합니다(가중치 A). A판매점이 2월 이후 고정 영업 인력을 늘리고, 매장을 확대하면서 최근 판매량이 크게 올랐고, 판매량이 월별로 증가하는 과정이라고 판단하면 최근 판매실적에 높은 가중치를 부여하는 방식을 선택합니다(가중치 B). 반대로 2~4월 일시적인 할인 혜택으로 매출이 증가했고, 5월부터는 할인 혜택이 종료된다면 과거의 판매실적에 더 높은 가중치를 부여해야겠죠(가중치 C).

이와 같이 가중치는 여러 가지 방법으로 활용 가능하지만, 이를 업무에 사용하는 주요한 목적은 숫자와 현실의 괴리를 줄이는 것임을 명심해야 합니다.

6

중요한 것은
ABC로 분류한다

THU, 11:40

선배님, 여러 일이 동시에 일어났을 텐데,
이번에도 빠르게 해결하셨네요. 개선 효과도 좋고요.

시간은 항상 부족해요. 하지만 어떻게든 해결해야죠.

맞아요. 왜 일은 하나씩 순서대로 오지 않고, 한꺼번에
몰려올까요. 한 가지 이슈에 대해 현황을 파악한 뒤
해결 방안까지 수립하고 나면, 다른 일을 처리할 시기를
놓치는 등 시간이 많이 부족해요.

사실 저도 늘 어려워요.

정말요? 선배님은 늘 척척 잘하시는 줄 알았어요.

그래서 ABC 분석을 업무에 자주 활용하고 있어요.
그러면 상대적으로 적은 시간과 노력으로 최대의
성과를 만들어낼 수 있거든요.

＊ 여러분이 회사에서 가장 많이 듣는 말은 무엇인가요? "시간이 빠듯하다." "예산이 부족하다." "제작비가 충분하지 않다." "인력이 달린다." "담당 인원을 충원해야 한다."라는 말 아닌가요?

어쩌면 회사원이란 '결핍' 속에서 무엇인가를 해결해야 하는 사람일지도 모릅니다. 회사의 자원은 늘 한정적인데, 해결해야 할 일은 언제나 많으니까요. 그럼에도 많은 일을 척척 해내는 사람들이 있습니다. 그들은 많은 시간이 소요될 것이라고 생각한 일도 빠르게 해결하곤 합니다.

빠른 업무 처리에 필요한 능력 중 하나는 1951년 미국 GE사에서 개발한 ABC 분석입니다. 재고 관리를 목적으로 만들어진 이 분석은 관리대상을 A·B·C그룹으로 분류해 그룹별로 관리함으로써 효과를 극대화하는 업무 방식입니다. A그룹을 집중적으로 관리하고, 다음에는 B그룹, 그다음에는 C그룹 순서로 업무를 처리합니다. ABC 분석이 효율적인 이유는 A그룹의 관리만으로도 대부분의 문제가 해결된다는 데 있습니다.

제품의 불량 관리에 ABC 분석을 적용해보겠습니다.

ABC 분석 방법

① 제품 불량을 불량 건수가 많은 순으로 정리한다.
② 총 불량 건수를 100%로 하고, 불량 종류별 백분율을 산출한다. 예를 들어, 총 불량 건수가 1,000건이고 불량 A가 350건이면, 불량 A의 백분율은 35%다.
③ 백분율이 높은 불량 순서대로 누적 백분율을 산출한다.
④ 그래프의 세로축은 누적 불량 발생률이고, 가로축은 불량 종류다. 세로에 불량 점유율 누적치를 기재하고, 가로축에 불량 종류를 기재해 불량 종류별 누적 구성비율을 표시한다.
⑤ 세로축의 70~90%에 해당하는 점에 가로선을 긋고, 그래프와 선의 교차점에서 수직선을 긋는다.

다음과 같이 그래프를 그리면 제품 불량을 A, B, C그룹으로 나눌 수 있습니다. 누적 백분율 70%까지를 A그룹, 70~90%까지를 B그룹, 90~100%까지를 C그룹으로 분류합니다.

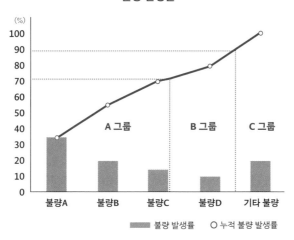

불량 발생률

이렇게 세 그룹을 비교해보면, A그룹은 불량 종류는 가장 적지만 불량 건수는 가장 많습니다. 반대로 C그룹은 불량 종류는 많지만 불량 건수는 적습니다. 개선 효과를 극대화하기 위해 어느 그룹에 공력을 기울여야 하는지가 명확해졌습니다.

ABC 분석 결과

불량 유발 개수	A그룹 > B그룹 > C그룹
불량 종류 개수	A그룹 < B그룹 < C그룹
불량 개선 영향	A그룹 > B그룹 > C그룹

ABC 분석에 따라 그룹별 불량 개선 대책을 다음과 같이 수립할 수 있습니다.

그룹별 불량 개선 대책

① A그룹은 제품의 불량률을 좌우한다. A그룹의 개선에 시간과 인력을 집중 투입한다.

② B그룹은 불량 종류별 발생량의 모니터링을 강화하고, 불량 발생량이 증가하는지를 살핀다. A그룹 개선이 완료된 후 시간과 인력을 투입해 개선한다.

③ C그룹은 불량 종류는 많으나 발생량은 미미하다. 이전에 발생하지 않았던 새로운 불량 등을 중심으로 모니터링한다.

관리대상이 많고, 범위가 넓은 경우에 ABC 분석은 더욱 유용하게 사용됩니다. 코스트코나 이마트 트레이더스 같은 대형 유통매장에서는 고객 선호도와 목표 판매량을 살펴 상품의 배치를 관리하는 등 다방면에서 활용하고 있습니다. 매출 기여도가 높은 상품군에 대한 관리를 철저하게 하는 것이죠. 직장에서도 목표 달성 기여도가 높은 업무에 집중하는 것이 중요합니다.

어쩌면 회사원이란 '결핍' 속에서
무엇인가를 해결해야 하는 사람일지도 모릅니다.
회사의 자원은 늘 한정적인데,
해결해야 할 일은 언제나 많으니까요.

7

비율로 수치를
조정한다

THU, 14:50

대리님 혹시 성장이랑 성장률 차이 알아요?

네, 숫자를 읽을 때 두 가지 개념을 유의해서
사용해야 하더라고요.

저도 이번에 제대로 알았어요.

맞아요. 예를 들어, I 회사의 2019년 매출이 1조이고
2020년 매출은 2조일 때 성장률은 100%인 거잖아요.
근데 2021년에 3조를 했다고 가정해봐요.
2조에서 3조가 된 거라 성장하고 있는 건 맞지만,
성장률 측면에서 보면 100%에서 50%로 줄었으니
성장이 둔화된 거예요.

같은 숫자도 비율로 조정하면 읽어낼 수 있는 의미가
달라지네요.

＊ 아름다운 사람을 지칭하는 말 중에 '팔등신 미인'이라는 표현이 있습니다. 팔등신은 신장 대비 머리 길이를 측정해 가장 이상적인 신체 비율을 구한 것으로 신장 대비 머리 비율이 8대 1인 사람을 뜻합니다.

'미인'이라는 단어에는 아름다움이라는 추상적인 의미만 있지만, '팔등신'이라는 단어가 붙은 '팔등신 미인'에는 '신장과 머리의 비가 8대 1인 이상적인 신체를 가진 아름다운 사람'이라는 구체적인 형태가 있습니다. '신장 180cm, 머리 길이 22.5cm의 사람'보다는 '신장과 머리 길이의 비율이 8대 1인 사람'이라는 표현이 더 단순하죠.

비와 비율은 결국 비교인데요, 앞서 설명한 팔등신처럼 크기가 다른 대상을 간단하게 대비해 보여줍니다. 덕분에 대상 간의 복잡한 수치도 이해가 쉬워집니다.

비와 비율을 적절하고 정확하게 사용하기 위해서는 반드시 개념부터 알아두어야 합니다. 두 가지는 비슷한 것 같지만 서로 구별되는 개념입니다. 비가 둘 사이의 상대적인 양을 비교한 것이라면, 비율은 그 관계를 수로 나타낸 것입니다. 신제품 A, B를 설명한 표현에서 맞거나 틀린 것을 찾아볼까요?*

- A 신제품 판매량 : 2,000개/년, B신제품 판매량 : 3,000개/년
  ① A신제품과 B신제품의 판매 비는 2:3이다.
  ② A신제품과 B신제품의 판매 비율은 2:3이다.
  ③ A신제품에 대한 B신제품의 판매 비율은 1.5(3/2)다.
  ④ A신제품에 대한 B신제품의 판매 비율은 150%다.

앞선 네 가지 문장에 대해 옳고 그름을 명확히 설명할 수 있다면 비와 비율의 개념을 제대로 알고 있는 것입니다. 일상에서나 회사에서는 비와 비율을 엄밀히 구분해서 사용하지 않기 때문에 정확하지 않아도 의사가 전달되는 아이러니한 상황이 발생하는 것이죠.

비는 ①과 같이 '비교하는 양:기준량'으로 비교 대상을 기호(:)

---

* ① ○ ② × ③ ○ ④ ○

로 나타내는 것입니다. 비율은 기준량에 대한 비교하는 양의 크기로 ②처럼 기호(:)로 나타내지 않고 ③처럼 수로 표현합니다. ④는 비율의 기준량이 100일 때의 비율을 나타낸 백분율입니다.

- 비＝비교하는 양 : 기준량
- 비율＝$\dfrac{\text{비교하는 양}}{\text{기준량}}$
- 백분율(%)＝비의 값(기준량이 1일 때의 값)×100

　라면 시장 매출 표를 보면서 비와 비율의 개념을 자세히 살펴보겠습니다. 2021년 상반기 라면 브랜드 매출 점유율은 신라면이 16.9%, 진라면이 9.5%입니다. 2021년 상반기에 판매된 100개의 라면 중에 17개가 신라면이고, 10개는 진라면이라는 말이겠죠.

라면 시장 매출 점유율(2021년)

브랜드 시장 점유율			개별 제품 시장 점유율		
1위	농심	49.5%	1위	신라면	16.9%
2위	오뚜기	26.4%	2위	진라면	9.5%
3위	삼양	10.2%	3위	짜파게티	7.5%
4위	팔도	8.2%	4위	팔도	5.8%

오뚜기 진라면 관계자의 입장에서 이번에는 진라면(비교하는 양)의 매출을 신라면(기준량)과 비교해보겠습니다. 비로 표현하면 '진라면:신라면=10:17'이고, 신라면에 대한 진라면의 비율은 0.59(10/17)입니다.

반대로 농심 신라면 관계자의 입장에서 신라면의 매출을 진라면과 비교해보겠습니다. 매출을 비로 표현하면 '신라면:진라면=17:10'이고, 비율로 표현하면 1.7(17/10)이 되는 것입니다.

여기에서 두 수치를 비교할 때 비에서는 '기준량이 되는 것'을 '뒤'에 적고, 비율에서는 '분모'에 둔다는 것이 중요합니다. 업무에서는 비교하는 양과 기준량을 바꾸어 말하거나 잘못 계산하는 경우가 흔히 발생합니다.

단, 비율을 사용할 때는 비율이 절대적인 수치나 의미를 보여주지는 않는다는 것을 명심해야 합니다. 다음 표를 보겠습니다.

영업이익률

A기업	30%
B기업	10%

어느 기업의 영업이익이 더 많을까요? 직장인이라면 아마도 정답을 맞히셨을 것입니다. 정답은 '알 수 없다.'입니다. 영업이익

은 매출액에 대한 영업이익의 비율인데, A, B기업의 매출액(기준량)을 모르는 상태에서는 절대 값을 알 수 없습니다.

그렇다면 A기업과 B기업의 매출액이 10억 원으로 같다고 가정해봅시다. 이런 경우 A기업의 영업이익은 3억 원, B기업의 영업이익은 1억 원입니다. 같은 기간에 A기업이 B기업보다 2억 원이나 많은 영업이익을 얻은 것이지요.

그렇다면 A기업이 B기업보다 경쟁력이 높다고 할 수 있을까요? 이것 역시 정답은 '알 수 없다.'입니다. 만약에 두 기업이 동종 산업군에서 같은 제품을 만드는 회사라면 영업이익만으로 경쟁력의 우위를 판단할 수 있습니다. 하지만 서로 다른 업종이라 상황은 달라지겠죠.

이와 같은 예로 전자 회사 간에 영업이익률을 비교하는 것도 의미가 없습니다. 전자 회사더라도 반도체, 휴대폰, 가전제품 등 각 기업에서 제조하는 제품은 완전히 다를 수 있습니다. 이처럼 비율에서 주의할 사항은 비율을 표현한 숫자만으로는 수치가 높다/낮다 등의 결론적인 판단을 하기 어렵다는 것입니다.

8 일정은 역산해서 계획한다

FRI, 11:20

전 오늘 점심에 도시락을 먹겠습니다.

앗, 늘 나가서 먹던 대리님 아니었나요!

아내와 '집 사기' 프로젝트를 시작했거든요. 허허.

아, 그렇군요.

2025년까지 주택매수자금 5억 원을 만들기로 했답니다.
이자율과 수익률을 고려해서 2022년부터 2025년까지
연간 저축액을 정하고 계획표를 짰어요.
그러다 보니 월 지출액이 그려졌고,
고정비 항목 중 식비를 조금씩 줄이기로 했습니다.

역산 스케줄링을 하셨네요.
응원합니다!

＊ 지금까지 내가 가진 데이터로 숫자를 만드는 방법에 대해 알아보았습니다. 마지막으로 만들어볼 숫자는 일에서 빼놓을 수 없는 일정입니다. 일정을 짤 때 가장 중요한 단어는 '역산'입니다. 역산은 순서를 거꾸로해 뒤쪽에서 앞쪽으로 거슬러 계산한다는 의미입니다.

강남역에서 저녁 6시에 친구와 만나기로 했다고 가정해봅시다. 최종 목적값(약속 시간)을 기준으로 뒤쪽으로 하나씩 거슬러 올라가면서 중간 단계(외출 시간)의 값과 시작 단계의 값(준비 시간)을 확인합니다.

집 근처의 지하철역에서 강남역까지 소요 시간이 30분이라면 적어도 5시 30분에는 지하철에 탑승해야 합니다. 집에서 지하철역까지 도보로 10분이 걸린다면 5시 20분에는 출발해야겠네요.

출발 시간이 정해졌다면, 외출 준비 시간을 가늠해야겠죠? 평소 외출 준비에 50분 정도가 걸린다면 몸을 움직여야 하는 시간은 4시 30분이 됩니다. 단, 변수가 생길 수도 있으니 여유롭게 준비하고 싶다면 이보다 이른 시간을 잡는 것이 좋습니다. 이를 표로 정리하면 다음과 같습니다.

약속 시간 역산 과정

약속 장소	강남역 앞	
약속 시간	6시	
준비 및 이동 과정	필요 시간	시행 시각
외출 준비	50분	6시 - 90분 =준비 시작 시간 4시 30분
집→지하철 이동 시간	10분	
지하철 탑승 시간	30분	

▼
총 90분

이처럼 역산법은 실생활에서도 많이 사용됩니다. 식사 시간과 배달 시간을 고려해 퇴근하면서 버스에서 음식을 미리 주문하기도 하고, 필요한 시기와 배송 날짜를 고려해 온라인 쇼핑에서 제품을 미리 구입하기도 합니다.

일정을 세우는 방법은 시점 기준에 따라 두 가지로 나눠볼 수 있습니다. 첫째는 현재를 기준으로 최종 목표 일정을 세우는 '순행 스케줄링^{forward scheduling}', 둘째는 미래를 기준으로 최종 목표를 설정하고 그에 따라 세부 일정을 조율하는 '역산 스케줄링 backward scheduling'입니다. 두 가지 방법을 업무에 어떻게 적용하는지 각각의 사례를 들어보겠습니다.

A제품을 5,000개 생산해야 하는 공장이 있습니다. 순행 스케줄링으로 계획하면, 현재 보유한 재료로 제품을 생산해 완성품을 입고시키고 수요에 맞게 출고해 판매할 것입니다. 이렇게 되면 창고 보관 비용 및 다른 제품을 생산하지 못하는 기회비용도 발생하게 됩니다. A제품이 필요한 시기에 맞춰 생산되고 있는지도 파악이 어렵습니다.

반면에 역산 스케줄링으로 계획하면, 우선 A제품 5,000개의 출고 시점을 확인합니다. 제품 생산 리드타임을 고려해 생산을 시작해야 하는 시기를 설정하고, 제품 제작 일정에 지연 요인은 없는지 확인합니다. 현재의 제작 상황이 필요 일정 대비 어떤 수준인지를 점검할 수 있는 것이죠. 업무의 분포 정도가 명확해져 다른 업무에 집중할 여유도 생깁니다.

회사에서는 신제품 출시, 설비 및 인력 투자 결정 등 여러 부분에 역산 스케줄링을 활용합니다. C사는 2023년 1월 신제품 출시를 계획하고 있습니다. 아래는 신제품 출시 일정에 맞게 부분별 소요시간을 고려한 역산 스케줄링입니다. 신제품 출시를 위한 기간별 진행 업무가 한눈에 보입니다.

신제품 출시 과정 역산 스케줄링

22년 1월	22년 6월	22년 7월	22년 8월	22년 9월	22년 12월	23년 1월
개발 착수	개발 완료	시제품 생산	고객 평가	요구사항 반영	제품 생산	신제품 출시

5개월   1개월   1개월   1개월   3개월   1개월

역산 스케줄링을 하기 위한 자가 진단표

Q1	최종 기한에 맞춰 신제품을 출시하기 위해, 언제까지 개발을 완료해야 하는가?	☑
Q2	고객의 요구사항을 반영한 재설계를 언제 시작해야 하는가?	☑
Q3	특정 날짜에 반드시 진행되어야 하는 업무가 있는가?	☑
Q4	지연되는 단계가 있는가?	☑
Q5	최종 마감 기한을 맞추기 위해서 어떤 단계의 기간을 단축해야 하는가?	☑

역산 스케줄링은 최종 목표 시점을 두고, 중간 시점과 시작 시점을 찾는 것부터 시작됩니다. 이렇게 중간 시점과 시작 시점을 찾는 이유는 최종 목표 시점이 지연되지 않도록 하기 위함인데

요, 시점이 명확해야 현재 업무가 계획된 일정 대비 선행하고 있는지 후행하고 있는지도 알 수 있습니다. 이에 따라 자원을 집중해야 하는 영역도 파악이 가능해집니다. 변수가 생기더라도 탄력적으로 대책을 세워 위기를 극복할 수도 있겠지요.

보고를 끝냈는데 쏟아지는 질문 때문에
진땀을 뺐던 기억이 있나요?
숫자를 쓰면 오해 없이 정확하게 보고하며
의사소통의 노력을 아낄 수 있습니다.
더는 상사의 뉘앙스를 읽느라 고생하지 말고
이제 숫자로 정확하게 소통하세요.

STEP 4

결국 당신의 의견은
빛나야 합니다

숫자 보고력

1

보고는 전달과 이해의
과정이다

FRI, 10:00

A공장 사고 상황을 갑자기 보고하게 되어
보고서가 미흡했던 것 같아요.

아니에요. 그 정도로도 괜찮아요.
긴급보고였으니 현재 상황을 정확히
전달한 것만으로도 충분히 의미가 있어요.
짧은 시간에 사고 규모, 피해 규모 등까지
수치로 정리하다니 대단해요.

그래도 아쉬워요. 추가 상황을 모니터링하면서
어떻게 진행되는지 확인해야겠어요.

＊ 직장인이라면 누구나 보고의 중요성을 체감할 겁니다. 훌륭한 보고는 모두를 만족시키지만, 어설픈 보고는 되레 없던 일을 만들고, 상사의 불안감만 키울 뿐입니다. 보고가 무엇이기에 이렇게 어려운 것일까요?

보고의 사전적 정의는 '일의 결과나 상황을 알리는 것'입니다. 단어 자체만 보면 형식적일 수 있지만, 여러분이 회사에서 '상사에게 전달하는 모든 정보'가 보고라고 생각하면 이해하기 쉽습니다. 아파서 출근을 못 한다고 연락하는 것도 일종의 보고겠죠.

그런데 보고의 정의에 중요한 요소가 하나 빠져 있습니다. 그것은 바로 'How to', 즉 일의 결과나 상황을 '어떻게 전달할 것인가'입니다. How to를 추가해 보고를 재정의해보면, 다음과 같이 말할 수 있습니다.

15년여의 직장생활에서 수없이 많은 보고를 했고 지금도 매일

보고의 정의

	우리가 알고 있는 보고	우리가 해야 하는 보고
What	일의 결과나 상황	
Who	상사나 동료	
When	상황 보고 - (즉시·납기 내) 결과 보고 - 성과 보고	
How to	-	숫자를 전달하고 설명

보고를 하고 있지만, 핵심은 항상 '숫자'였습니다. 숫자가 없거나 숫자를 설명하는 논리나 근거가 부족하면 아무리 다른 내용을 잘 설명하더라도 다시 확인해 재보고하는 일이 반드시 발생했습니다. 일의 결과나 상황을 숫자로 나타내고, 그 숫자를 상대방이 이해할 수 있게 설명하는 과정이 보고라는 점을 기억해야 합니다.

그렇다면 왜 꼭 숫자로 표현해야 할까요? 일하는 사람들은 저마다 주로 사용하는 언어와 비언어가 다르기 때문입니다. 각자가 가진 프레임으로 상대방의 언어를 해석할 수 있다는 뜻인데요, 말로만 주고받는 보고에서는 때때로 소통의 오류가 발생할 수 있습니다.

만약 오랜 경험을 통해 당신의 상사와 동료가 어떤 사람인지 알고 난 다음이라면 서로의 언어를 이해할 수 있겠죠. 단 그럴

176

시간이 충분하지 않은 상황에서 보고를 해야 한다면 명확하고 직관적인 숫자를 사용하는 것이 필수입니다.

구체적인 사례를 들어보겠습니다. 보고서에 '어렵다', '힘들다', '불가능하다'라는 표현 대신 숫자를 사용하면 다음과 같이 표현할 수 있습니다.

📢 **목표에 도달하기 힘들 것 같네요.**

→ 목표 대비 30% 미달입니다.

지금 상황이면 목표에 도달하는 건 불가능해요.

→ 목표 매출까지 15억 원이 부족합니다. 100% 달성하려면 앞으로 매달 5억 원 이상의 매출이 나와야 합니다.

판매량이 부족해 계획 달성이 어려워요.

→ 목표 판매량에서 2,500개가 부족합니다.

직장에서의 보고는 목적에 따라 두 가지로 나눌 수 있습니다. 한 가지는 '긴급보고', 다른 하나는 '계획보고'입니다. 긴급보고는 예측하지 못했던 사건·사고 및 이슈에 대한 현 상황을 빠르게 핵심적으로 설명하는 것입니다. 예를 들어, 공장에서 화재가 발생했다고 가정합시다. 보고를 제대로 한다고 화재 원인 및 분석, 재발 방지 대책 등을 정리하다가는 그 사이에 공장이 모두 타버릴 수도 있습니다. 이런 경우에는 '신속함'이 핵심인데요, 최소한의 정보만으로 빠르게 보고하는 것이 가장 중요합니다. 단, 한 가지 오해하면 안 되는 점이 있습니다. 신속함을 우선한다고 숫자 없이 보고하면 안 된다는 것입니다.

숫자 없는 긴급보고는 급한 대로 상황은 전달되겠지만, 상사의 궁금증을 해소하기에는 역부족입니다. 인적 피해는 있는지, 화재 규모는 얼마나 되는지, 진압 예상 시간은 어느 정도일지 등 현 상황에서 파악 가능한 최소한의 숫자는 긴급보고 시에도 포함해야 합니다.

한편, 계획보고는 예측·분석·실적·대응 방안 등 회사에서 일반적으로 이루어지는 대부분의 보고입니다. 이는 당연히 숫자로 표현하는 것이 더욱 중요합니다. 회사에서는 어떠한 일을 지시받은 후 진행 사항이나 결과에 대한 내용을 공유하기 위해 이 같은 보고를 할 때가 많습니다.

예를 들어, 사업 타당성을 검토하거나 판매 및 생산량을 예측하는 등의 업무 지시를 받았다고 가정합시다. 이에 대한 보고는 지시를 받을 때부터 보고 데드라인이 정해지기 때문에 신속함보다는 '정확함'과 '논리'가 핵심입니다. 그러므로 계획보고는 정확한 숫자를 제시하고 그 숫자를 논리적으로 설명하는 과정입니

178

다. 이러한 과정을 위해서 앞서 STEP 1에서 다루었던 숫자 사고력을 잘 길렀는지 점검해봐도 좋겠습니다.

2

보고의 핵심 메시지는 숫자가 완성한다

오후 2시에 팀장님께 내년도 판매 전략에 대해 보고하러 가야 해요.

보고 기한까지 2주나 남았던 것 같은데, 벌써 다 하신 거예요?

아, 아직 완료는 아니에요. 자료를 준비하다 보니 애매한 내용도 있고, 의사결정이 필요한 부분도 있어서 중간보고를 하려고요.

중간보고를 꼭 해야 하나요?

중간보고를 통해 핵심 메시지가 누락되지 않았는지 점검할 수 있어요.

＊ 일을 진행하다 보면 갑작스럽게 업무 방향이 변경되기도 하고, 세부 사항이 추가 혹은 삭제되는 일이 발생하기도 합니다. 이러한 변경 사항을 업무에 반영하고, 미흡한 점은 보완할 기회가 필요한데요, 이런 대비책으로 보고만큼 유용한 것은 없습니다. 상사에게 업무 진행 상황을 공유하고, 상사의 확인과 의사결정을 거쳐 보완해 보고서를 완성하면 더 효과적인 결과가 도출됩니다.

저는 보고를 대나무의 마디에 비유하는 것을 좋아합니다. 대나무가 올곧고 튼튼하게 성장하기 위해 중간중간에 마디가 필요하듯이, 업무 역시 제대로 보고하고 피드백을 받아야만 방향성을 잃지 않고, 군더더기가 사라지며 단단해질 수 있습니다.

보고는 업무 수행에 필수적이므로 직장인이라면 누구도 보고에서 자유로울 수 없습니다. 특히 직급이 올라갈수록 보고의 내용도 중요해지고 보고받는 빈도도 늘어나게 됩니다. 이처럼 정보량이 기하급수적으로 증가하면 정보의 홍수에 빠지게 되는데요, 물속에서 허우적대는 상사를 건져낼 방법은 무엇일까요?

그것은 보고를 '간결하게' 하는 것입니다. 보고 내용에서 핵심 메시지가 무엇인지를 확인하는 습관을 들여야 합니다. 만약 여러분이 작성한 보고에 메시지가 없다면 보고는 방향을 잃고 제멋대로 흘러갈 수 있습니다. 게다가 보고를 읽는 상사는 본인의 업무 시간이 빼앗기는 기분을 느끼겠죠.

보고의 핵심이 메시지라면, 메시지의 핵심은 숫자입니다. 숫자를 잘 사용하기만 해도 메시지를 더 간결하고 명확하게 전달할 수 있습니다. 그럼 숫자를 어떻게 사용하면 될까요? 세 가지 방법이 있습니다.

첫째, '목표와 실적'을 숫자로 표현합니다. 이 책의 큰 틀을 관통하는 이야기지만, 숫자를 이야기할 때는 목표와 실적(현황)을 반드시 함께 언급해야 합니다. 이 둘은 실과 바늘의 관계처럼 항상 같이 있어야 쓰임새가 있습니다. 다음 두 문장을 비교해보겠습니다.

📢 현재 원고 검토 작업이 늦어지고 있지만, 마감 기한은 가까스로 맞출 수 있을 듯합니다.

→ 현재 원고 검토는 280쪽 중 110쪽까지 완료하여, 40% 정도 마쳤습니다. 6월 8일이 마감 기한인데, 일주일 전까지는 모두 완료할 수 있습니다.

둘째, 시간 순서대로 '과거-현재-미래'를 숫자로 표현합니다. 보고할 때 자주 받는 질문이 있습니다. 과거의 지표는 어땠는지, 과거에 같은 현상이 있었는지에 관한 내용입니다. 또한 문제 해결을 위한 조치를 취했을 때 예상되는 미래의 지표도 자주 받는 질문입니다. 이를 시간순으로 정리하면, 메시지를 더욱 효과적으로 전달할 수 있습니다.

📢 지난주에 긴급 회의가 많이 잡혀서 A작업 진행이 더딥니다.

→ 지난주에 긴급 회의가 5건 잡혀서 계획했던 A작업을 2시간 정도밖에 진행하지 못했습니다. 혹시 금주 작업 진행률을 수정해도 괜찮을까요?

셋째, 숫자로 비교해 표현합니다. 숫자를 사용했는데도 절대적인 크기나 규모를 설명하기 어려울 때가 있습니다. 이런 경우는 최대·최소 지표와 비교하면 내용을 손쉽게 전달할 수 있습니다.

📢 **현재 건설 중인 신규 공장의 면적은 3만 6000평으로 세계 최대 규모의 자동차 공장입니다.**

> → 현재 건설 중인 신규 공장의 면적은 3만 6000평으로 세계 최대인 A공장 2만 평의 1.8배 규모입니다.

신규 공장의 크기를 물어보는 상사에게 '3만 6000평'이라는 사실만 전달한다면 상사가 공장의 크기를 제대로 가늠하지 못할 가능성이 큽니다. 하지만 상사가 기존에 알고 있던 정보인 'A공장 2만 평의 1.8배'라고 비교해서 설명하면 더욱 명확히 이해할 수 있습니다. 여기서는 같은 회사의 공장을 기준으로 비교해 설명했지만 경쟁업체나 타 팀의 최대·최소 수치와 비교하는 것도 좋은 방법입니다.

보고할 때마다 "하고 싶은 말이 뭐야?"라는 말을 듣는다면, 내가 하는 보고에 상사가 듣고 싶어하는 메시지가 빠진 건 아닌지, 숫자를 적절히 사용했는지 생각해보았으면 합니다. 업무 수행의 필수인 보고를 빛내줄 핵심은 메시지와 숫자라는 것을 잊지 마세요.

보고는 대나무의 마디와 같습니다.
올곧고 튼튼하게 성장하기 위해 마디가 필요하듯이
업무 역시 보고를 통해 피드백을 받아야만
방향성을 잃지 않고 견고해질 수 있습니다.

3

숫자만으로 부족할 때는
논리와 합리를 추가한다

FRI, 13:15

이번 달에도 매출 목표를 달성했네요.

차장님, 이런 증가 추세라면, 대한민국 국민 모두가
우리 신제품을 쓰게 될 날도 머지 않은 것 같아요.

너무 앞서 나간 것 아닌가요.

계산상으로는 판매된 제품 수가 2000만 개를 넘었고
매달 200만 개씩 팔리고 있으니, 1년 3개월 후면
가능한 수치 아닐까요?

그렇게 본다면 맞는 말이지만 최근 매출 증가율이
조금씩 둔화되고 있어요. 우리나라 인구수인
5200만 개 판매를 달성할 수 있을지도 모르고,
교체 수요도 있어서 국민 모두가 사용한다고 말하기는
어렵지 않을까요?

＊ 회사에서 누군가를 설득하는 일은 어렵습니다. 이해관계자마다 생각과 관점, 가치의 경중이 모두 다르기 때문입니다. 그래서 복잡한 상황을 정리할 숫자가 필요한 것입니다. 그렇다고 숫자가 모든 것을 해결해주지는 않습니다.

빵 가게 A는 한 시간에 다섯 개의 빵을 굽는 오븐을 두 대 가지고 있습니다. 보통은 오븐을 하루 열 시간 가동해 100개의 빵을 만들어 판매하고 있습니다. 어느 날, 일정하던 빵 주문량이 갑자기 500개로 늘어났습니다. 주인은 고객들에게 빵이 일찍 매진되었다고 알렸습니다. 그런데 다음 날도, 그다음 날도 약 500개의 주문이 계속해서 이어졌습니다.

일시적인 증가라고 생각한 지 한 달이 지났습니다. 차이는 있지만, 평균 500개의 주문은 계속해서 유지되었습니다. 주문량 증가에 대응하기 위해 가게 매니저는 오븐을 추가로 구매해야 한다고 사장을 설득하려 합니다. 그렇다면 몇 대를 구매하는 것이 적절할까요? 매니저는 능수능란하게 숫자를 활용해 아래와 같이 정리해 보고했습니다.

오븐 추가 주문 건

- 주문 증가에 따른 추가 생산량
  ① 오븐당 생산 가능량: 50개
     (시간당 생산량×가동시간=5개×10시간)
  ② 현재 빵 생산 가능량: 100개
     (오븐당 생산 가능량×기계 2대)
  ③ 현재 빵 수요량: 500개
  ④ 생산 증대 필요량: 400개

  상기 내용에 따라 추가 주문을 요청드립니다.

400개의 빵을 추가로 만들기 위해서는 여덟 대의 오븐이 필요합니다. 계산만 보면 틀리지 않습니다. 오븐 한 대당 50개의 빵을 만들 수 있기 때문입니다. 하지만 사장은 계속해서 고민합니다.

📢 주문이 줄어들면 어떡하지?
차라리 현재 보유 중인 오븐의 가동시간을 늘리는 것이 효율적이지 않을까?

가동시간을 늘리면 종업원을 추가 고용해야 할 텐데…….

구매 비용은 어떻게 마련하지?

대출로 충당하려면 이자도 고려해야 하는데, 그럼에도 여덟 대를 구매하는 것이 적절할까?

오븐만 마련하면 다른 재료 수급은 문제없을까?

　매니저는 사장을 설득하기 위해 정확히 계산된 숫자를 전달했지만, 결국 주인은 추가 구매를 보류했습니다. 매니저의 보고에는 무엇이 부족했던 것일까요?

　설득을 위한 숫자에는 다음 두 가지가 반드시 포함되어야 합니다. 하나는 '논리'이고, 다른 하나는 '합리'입니다. 논리가 이치에 맞는지를 따지는 것이라면 합리는 현실적으로 타당한지를 이야기하는 것입니다. 매니저의 오븐 구매 제안에는 논리만 있고, 합리가 결여되어 있었습니다.

　숫자를 활용해 보고했음에도 상대가 설득되지 않는다면 제시한 숫자에 논리 또는 합리가 빠졌는지 확인해야 합니다. 그럼 각각이 무엇을 의미하는지 더 자세히 살펴볼까요?

　우선 논리는 '숫자 산출의 근거'입니다. 400개의 빵을 만들기 위해 필요한 오븐은 여덟 대인데, 아홉 대나 열 대가 필요하다고

논리	오븐은 하루에 열 시간 동안 빵 50개를 생산할 수 있고, 400개를 더 만들려면 추가로 여덟 대가 필요하다.
합리	여덟 대를 추가 구매하는 것이 현실적으로 최선일까?

주장했다면 논리가 잘못된 것입니다.

논리는 근거(오븐 한 대 = 빵 50개 생산)와 로직(필요 설비=생산 필요 개수/기계당 생산량), 그리고 정확한 계산으로 도출됩니다. 이 세 가지 단계 중 하나라도 오류가 있다면 해당 숫자는 논리적이지 않으므로 제대로 확인해야 합니다.

논리에서 통과되었다면 다음으로 필요한 것은 합리입니다. 논리가 있어도 합리가 결여되면 설득이 어려워집니다. 합리는 '현실적으로 실현 가능하며 적합한지에 대한 답'을 의미합니다. A가게의 매니저가 주인을 설득하는 데 어려움을 겪는 이유는 오븐 여덟 대를 구매하는 것이 현실적으로 최선의 선택인가에 대한 의문을 해소하지 못했기 때문입니다.

논리는 있지만, 합리가 결여된 또 다른 예를 들어보겠습니다. B지점은 올해 종업원 수 부족으로 판매 활동이 부진해 목표 달성에 실패했다고 판단하고 있습니다. B지점의 1인당 연간 매출기여액은 5000만 원입니다. 그렇다면 앞으로 열 명의 종업원을 추가로 고용하면, 5억 원의 매출이, 20명의 종업원을 추가로 고용하면 10억 원의 매출이 증대될까요? 그렇지는 않을 것입니다. 입력값을 무한히 늘린다고 해서 산출값도 무한히 늘어나지는 않기 때문입니다.

사람은 계산값이 논리적이면 정확하다고 판단해 그대로 믿어버리는 경향이 있습니다. 그 값이 합리적이라고 착각하는 것입니다. 이 결과로 다른 사람을 설득하는 데도 문제가 없다고 착각하게 됩니다.

물론 계산은 정확해야 하지만, 그것이 항상 합리성을 보장하지는 않습니다. 숫자에 합리가 결여되면 여러 가지 의심 어린 질문을 받고 답변을 제대로 못 해서 추궁받게 됩니다. 결국 상대방에게 검토가 부족했다는 부정적인 피드백이 돌아오겠죠.

숫자에 합리성이 있는지를 점검하는 가장 좋은 방법은 끊임없이 자신에게 질문을 던지면서 스스로를 먼저 설득해보는 것입니다. 해당 숫자를 실제로 사용하기 전에 숫자가 어떻게 산출됐는지, 현실적으로 달성 가능한 값인지를 명확히 짚고 넘어가는 것입니다. 예측했던 숫자일지라도 빛 좋은 개살구는 아닌지, 앞으로 벌고 뒤로 밑지는 장사는 아닌지 등 발생 가능한 부정적인 시나리오를 스스로 질문해보는 자세가 상사를 설득해야 하는 상황을 매끄럽게 해결해줄 것입니다. 이때는 다음과 같은 표를 만들어 점검해보면 좋습니다.

숫자 자가 진단표

Q1	왜 이런 숫자가 나왔을까?	☑
Q2	이 숫자가 최선일까?	☑
Q3	현실적으로 달성 가능한 값일까?	☑
Q4	터무니없이 큰 숫자는 아닐까?	☑
Q5	예상보다 너무 적은데, 정말 이것으로 충분할까?	☑
Q6	이전에 검토했던 것과 차이점은 무엇일까?	☑

숫자를 전달하기 전에 논리와 합리를 모두 갖춘 숫자를 찾아내는 것은 설득에서 매우 중요합니다. 자, 그럼 처음의 사례로 돌아가 제가 A가게의 매니저라면 어떻게 말할지 적어보겠습니다.

📢 사장님, 증가된 빵 수요는 오븐을 추가로 여덟 대 구매해 열 대로 운영하면 안정적으로 대응할 수 있을 것입니다.

그런데 이렇게 하기 위해서는 고려해야 할 부분이 있습니다. 첫째는 오븐을 설치할 공간이 부족하다는 것입니다. 빵 굽는 공간을 최적화해도 다섯 대 이상의 공간을 확보하기는 어렵습니다. 또한 지금의 제빵 인력으로는 그 이상으로 빵을 만들어내는 데 문제가 있으므로 제빵 인력도 충원해야 합니다.

빵 주문이 일 500개까지 증가된 것이 확인된 만큼, 우선 오븐을 추가로 세 대 더 구매해 다섯 대로 250개의 빵을 생산해보는 것은 어떨까요? 일 250개로 생산이 안정되면, 빵 굽는 공간을 확대하거나 근거리에 분점을 오픈하는 등 추가 생산 증대 방안도 같이 고민해보면 좋겠습니다.

여러분이 사장이라면 제 말에 오븐을 추가 구매하시겠습니까? 자신이 매니저라고 생각하고 논리와 합리를 사용해 어떻게 설득할지 구체적으로 상상해보세요. 이러한 연습을 통해 다음 보고에는 좀 더 발전된 자신을 만날 수 있을 겁니다.

4 가장 알아야 할 것은 차이가 발생한 이유다

FRI, 14:30

차장님, 기름값이 정신 줄을 놓은 것 같아요.

너무 많이 올랐죠? 그래서 저도 요즘은
통근버스만 타고 다녀요.

기름값이 전 분기 대비 20%나 올라서,
회사 차원에서도 이번 분기 물류비가 많이 증가하겠어요.

요즘 물류비 변동 폭이 크네요.
그 원인을 유류비 상승도 포함해서 정리해야겠네요.

＊ 업무 보고 시에 상사가 가장 궁금해하는 것은 무엇일까요? 바로 '차이'입니다. 업무 상황에 변동이 생기면 상사는 이전에 보고받은 내용과 지금 보고하는 내용 사이에 어떤 것이 달라졌고 왜 달라졌는지에 대한 정보를 질문하게 됩니다.

　우리 뇌는 초기 정보를 기억하려는 속성이 있습니다. 이를 초두효과primacy effect라고 합니다. 정보처리 과정에서 처음에 인식된 정보가 후기 정보보다 훨씬 더 오래 남아 판단에 강력하게 작용한다는 것입니다.

　누구든 현재 전달받은 내용이 이전에 알고 있던 정보와 다르다면 쉽게 받아들이지 못하는 경향이 있습니다. 이는 초기 정보가 기준이 되어 계속해서 영향을 미치기 때문인데요, 차이(변화량)를 궁금해하고 그것에 민감하게 반응하는 것은 당연합니다. 숫자 하나에 따라 의사결정이 달라지고 회사의 이익과 운명이 결정되기도 하니, 어떤 사람이든 숫자 변화에 민감할 수밖에 없습니다.

차이가 발생했다면, 먼저 그 이유를 파악해야 합니다. 이후에는 상사에게 현 상황과 원인을 공유하고, 이것이 예상했던 내용인지 아닌지도 언급합니다. 또한 변화 수준이 합리적이고 납득 가능한지, 혹시 불가항력적이고 불가피한 사안은 아닌지도 확인합니다. 일시적인지 영구적인지도 확인해야겠죠. 만약 예상했던 시나리오라면 간단한 설명만으로 넘어갈 수 있습니다.

반면, 예상하지 못했던 상황이고 파급력이 큰 변화라면 문제의 원인을 더 구체적으로 파악해야 합니다. 이때는 상대방이 묻기 전에 보고자가 먼저 자세한 설명을 덧붙이는 것이 올바른 자세입니다.

다음 표는 2020년을 기준으로 대한민국 OTT 서비스 가입자 수의 변화를 나타낸 것으로 총 가입자 수가 1000만 명을 넘어섰음을 보여줍니다. 이는 2019년 대비 약 360만 명이나 증가한 수치입니다. 2020년에 OTT 서비스 가입자 수가 이렇게 급증한 이유는 ① 코로나19로 인한 문화생활 변화, ② OTT 서비스 업체가 제공하는 양질의 콘텐츠 확대를 들 수 있습니다. 이처럼 변동한 사유를 찾기 위해서는 뉴스 기사에서 관련 산업의 시대적 흐름을 이해하는 것이 중요합니다.

국내 OTT 서비스 가입자 수

서비스명	2016	2017	2018	2019	2020
넷플릭스	289	457	902	2,221	3,835
웨이브	2019년 9월 출시			1,614	2,102
티빙	338	403	542	802	1,781
시즌	765	883	1,085	1,173	1,299
왓챠	580	685	736	791	1,081
유플러스 모바일	554	718	749	762	729
아마존 프라임 비디오	2016년 12월 출시	12	59	141	262
유튜브 프리미엄	1	7	8	26	39
기타	2,132	2,523	2,837	180	224
합계	4,659	5,688	6,918	7,710	11,352

(단위: 천 명)

우선, 변동한 사유를 면밀히 살피기 위해 2020년 '분기별 가입자 증가율'을 추가로 찾아봤습니다. 1분기 증가율은 3.2%로 다소 주춤했으나, 코로나19 사태가 장기화되기 시작한 2분기에 12%로 증가한 것을 확인할 수 있었습니다. 코로나19로 인해 집에 머무는 시간이 늘어나면서 '구독 서비스'에 대한 관심도가 높아진 것입니다.

구독 서비스는 크게 두 가지 방식으로 나눌 수 있습니다. 식료

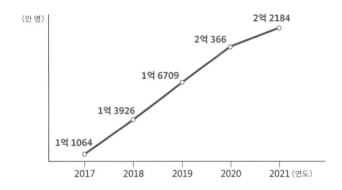

넷플릭스 전 세계 구독자 수

(만 명)

1억 1064
1억 3926
1억 6709
2억 366
2억 2184

2017   2018   2019   2020   2021 (연도)

품이나 취미 용품 등을 기간별로 '정기 결제'해 택배로 받아보는 것과 방송, 영화, 음악, 출판물 등을 미디어 스트리밍으로 이용하는 것입니다. 최근에는 전구, 타이어, 항공기 엔진 등의 산업 용품도 구독 서비스로 전환되고 있다고 하는데요, 이렇게 산업의 흐름을 다각도로 분석해보면 새로운 인사이트가 보입니다.

한편 OTT 서비스 중 가입자 증가율이 돋보이는 넷플릭스를 추가로 살펴보겠습니다. 전 세계 넷플릭스 가입자 수는 지난 2020년 1년간 3700만 명이 추가로 신규 가입해 총 2억 370만 명이 되었습니다. 넷플릭스의 비결은 무엇이었을까요?

해지 절차가 복잡했던 기존의 케이블 TV 등 전통적인 미디어와 달리, 쉽게 가입하고 쉽게 해지할 수 있는 OTT 플랫폼의 특징을 꼽을 수 있습니다. 동시에 넷플릭스는 충성 이용자들을 유지하기 위해 초기부터 '오리지널 콘텐츠' 생산에 집중했습니다.

추가로 넷플릭스의 경쟁 상대를 설정해 자료를 비교해서 보여주거나 앞으로의 추세를 예측할 수 있는 정보까지 찾는다면 숫자가 변동한 이유를 설명할 때 탄탄한 근거가 될 수 있습니다.

초과성장, 초과달성, 초과상승처럼 계획 대비 초과 달성한 것은 물론 역성장, (실적 또는 판매) 부진, (가동률 또는 판매율) 하락처럼 계획 대비 부진한 이유도 원인을 파악해 보고해야 합니다. 단, 변동 사유가 후자라면 극복 방안도 함께 포함해야 합니다.

결국 보고에서 차이란 상태의 변화를 의미합니다. 보고를 받는 상대방이 가장 궁금한 것은 값이 변동한 이유일 겁니다. 차이가 발생한 원인을 다양한 각도에서 구체적으로 파악하고, 필요한 정보와 분석을 간결하게 덧붙인다면 이보다 더 좋은 보고는 없을 것입니다.

5

정보의 우선순위를 생각한다

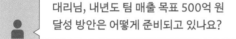

FRI, 15:50

대리님, 내년도 팀 매출 목표 500억 원 달성 방안은 어떻게 준비되고 있나요?

현 상황에서는 매출 목표 대비 30억 원이 부족할 것으로 확인되어, 방안을 모색 중입니다.

30억 원이면 전체 매출의 6% 수준으로 꽤 큰 금액이네요. 달성 방안을 자세히 설명해줄래요?

A 지점이 매출 목표 대비 30억 원이 부족할 것으로 예상됩니다. 금년도 경영계획 달성을 위한 A 지점의 목표가 80억 원인데, 이것은 작년 대비 200% 증가한 목표입니다. 현실적으로 달성이 어렵지만, 온라인 및 신제품 프로모션 등으로 달성 방안을 모색해보도록…….

그래서 내년도 매출 목표를 달성할 수 있다는 건가요, 불가능하다는 건가요?

＊ 앞의 대화는 흔히 볼 수 있는 보고 장면입니다. 분명 보고자는 팀 매출 달성이 목표 대비 30억 원 부족하지만 '달성이 가능하다.'는 점을 전달하고 싶었을 것입니다. 하지만 상사는 미달 금액 30억 원에 집중해 달성 방안에 대해서만 질문하고 있습니다. 보고의 우선순위를 바꿔, 대리가 팀 매출 목표 500억 원 중 470억 원 달성 방안을 먼저 이야기했다면 어땠을까요?

이처럼 보고는 '처음'에 언급하는 숫자가 중요합니다. 보고를 받는 상대에게 깊은 인상을 남기기 때문입니다. 그렇기 때문에 내가 궁극적으로 전달하고자 하는 내용과 일치해야 합니다. 그렇지 않으면 뒤집고 해명하는 데 큰 에너지를 써야합니다. 이것이 앞서 말한 초두효과입니다.

미국의 사회심리학자 솔로몬 애쉬는 초두효과를 알아보기 위해 두 사람의 성격 정보를 제시하고, 실험 참가자들이 어떤 평가

A	B
• 똑똑하다	• 질투심이 많다
• 근면하다	• 고집스럽다
• 충동적이다	• 비판적이다
• 비판적이다	• 충동적이다
• 고집스럽다	• 근면하다
• 질투심이 많다	• 지적이다

를 내리는지 실험해보았습니다.

참가자들은 두 사람 중 A에 대해 더 긍정적으로 평가했습니다. 그런데 자세히 살펴보면 순서만 다를 뿐 내용은 모두 동일합니다. 이 실험은 초두효과를 나타내는 대표적인 실험으로 중요한 정보를 앞부분에 배치해야 하는 이유를 잘 설명해줍니다.

초기 정보의 중요성을 설명하는 이론 중에는 '앵커링 효과 anchoring effect'라는 것도 있습니다. 배는 닻을 내리면 일정한 범위에서만 움직일 수 있습니다. 이와 마찬가지로 인간의 사고도 처음 입력된 정보를 기준으로 한계가 결정된다는 이론입니다.

그렇다면 우리는 왜 전달하고자 하는 핵심 내용이 아니라 다른 내용부터 이야기하는 걸까요? 보고자(실무자) 입장에서는

'당면한 문제 해결'이 가장 중요하다고 판단합니다. 자연스레 문제 해결에 더욱 집중하겠죠. 전체적인 관점에서는 덜 중요한 부분임에도 가장 먼저 이야기하는 이유입니다. 그렇게 한참을 열심히 설명했지만, 결국 이런 질문이 돌아옵니다.

📢 그래서 된다는 거예요, 안 된다는 거예요?
전체 목표 달성에는 문제없는 거죠?

보고자 입장에서는 시간을 많이 써서 작성한 세부 사항을 설명하는 것이 중요하겠지만, 보고받는 입장에서는 세부 내용 때문에 종합적인 판단에 혼동이 생길 수도 있다는 점을 기억해야 합니다. 세부 사항이 보고의 핵심이 아니라면, 후반부에 언급해서 확인하도록 하는 것도 좋은 방법입니다.

정보를 주고받는 보고의 과정은 크고 작은 어려움이 늘 따르기 마련입니다. 중요한 것과 중요하지 않은 것을 구분하고 말하는 순서를 적절하게 배치하는 것을 잊지 마세요.

6 정확한 숫자보다 쉬운 숫자에 더 집중한다

 어제 코로나 확진자가 몇 명이었는지 기사 확인해봤어요?

 네, 3만 4922명이었네요.

 아, 3만 5000명 정도군요. 최다 확진자가 나올 당시와 비교하면 20분의 1로 크게 줄었네요. 조만간 일상이 회복되면 그에 따라 업무 환경도 이전처럼 오프라인 중심으로 돌아가겠어요.

＊ 여러분은 평소에 숫자를 얼마나 자세히 말하고 있나요? 어렵고 복잡한 숫자는 수첩에 적어두고 보고 시 활용하나요? 올해 투자금액을 억의 자리부터 일의 자리까지 달달 외워서 정확히 전달했는데, 듣는 사람의 인상이 살짝 찡그려진 적은 없었나요?

숫자는 정확해야 하지만, 항상 그래야 하는 것은 아닙니다. 때로는 큰 자릿수 위주로 대략 말하는 것이 더 나을 때도 있습니다. 지금까지 숫자를 정확히 계산하고, 확인하고, 보고하라고 했으면서 이건 또 무슨 말일까요?

물론 검토·정리·보고하는 숫자는 정확해야 합니다. 정확하지 않은 숫자는 일을 망치고, 부작용이 뒤따른다는 점은 이미 누이 말씀드렸습니다. 그런데 숫자를 전달할 때 대략적인 수치만 이야기해도 되는 경우가 있습니다. 그 방법이 더 효율적이거나 상대방이 원할 때가 그렇습니다.

'규모나 범위'를 파악할 때는 일의 자리까지 정확한 숫자보다 대략적인 숫자를 아는 것만으로도 충분합니다. 예를 들어, 대한민국 인구수는 5166만 7688명입니다(2021년 9월 기준). 그렇다고 대한민국 인구수를 이야기할 때, 자릿수 여덟 개의 숫자를 모두 이야기하지는 않습니다. 탄생과 죽음은 변동성이 활발한 지표기도 하고, 5100만이 넘는 숫자에서 7,688명은 아주 비중이 적은 (0.2%) 미미한 수치이기 때문입니다. 66만 7688명도 약 1% 수준으로 크지 않습니다. 그래서 일반적으로 대한민국의 인구수를 물어보는 답변에는 '약 5200만 명'이라고 답해도 충분합니다.

담당 업무에서도 마찬가지입니다. 판매량, 생산량이나 투자금액, 경비 등의 복잡한 숫자는 일의 자리까지 전달하지 않고 대략적인 수치만으로도 상대방이 원하는 정보를 충분히 전달할 수 있습니다. 지난 5년간의 연간 투자금액 평균이 약 3500억 원이라는 사실을 알고 있는 팀장님이 다음과 같이 묻는다고 가정하겠습니다.

Q. 올해는 연간 투자금액을 얼마 정도로 예상하나요?

이런 질문을 받았다면, 천만 자리 이하의 금액은 말할 필요가 없습니다. 틀린 답은 아니지만, 센스 없고 비효율적인 답변이기 때문입니다. 이때는 논의하는 숫자 크기의 100분의 1 이하의 숫자는 버리고 전달해도 무방합니다.

A. 올해도 3500억 원 수준의 투자가 예상됩니다.

이 정도가 적절한 대답입니다. 팀장님이 추가로 세부적인 항목별 투자금액을 질문한다면 그때 정확한 수치로 이야기해도 늦지 않습니다. 이처럼 간단한 수치로 소통해도 되는 경우를 알려드리겠습니다.

첫째, 상대방이 규모나 크기의 감을 잡고자 할 때입니다. 투자 규모, 매출 규모, 부지 규모 등의 항목이 포함되며 회의를 시작할 때 혹은 프로젝트의 보고 초기 단계에서 이런 내용을 묻는 질문이 많습니다. 이전의 회의에서 다뤄진 정보가 아닌, 새로운 정보를 전달할 때도 대략적인 숫자로 대답하는 것이 좋습니다.

Q. 이번에 새로 계약한 A 공장의 규모가 얼마나 되나요?

A. 연 면적이 12만 8900m²입니다. 이는 축구장 18개 규모의 크기입니다. (축구장 크기: 7,140m²)

둘째, 숫자가 너무 크고 복잡한 경우입니다. 실무자 선에서 검토·분석하고 정리할 때는 일의 자리 숫자까지도 정확히 기입해야 하지만, 구두로 전달하는 자리에서는 그렇지 않습니다. 2019년 삼성전자는 평택사업장 투자 계획을 아래와 같이 밝혔습니다.

투자계획 133조 원 중 생산시설 확충에 60조 원이 투입됩니다.

만약 '133조 0000억 원 0000원 중 생산시설 확충에 60조 0000억 원 0000원이 투입된다.'라고 발표했다면 메시지가 정확히 전달되었을까요? 너무 큰 숫자가 머릿속에 입력되면서 오히려 유의미한 정보를 인식하기까지 시간이 꽤 걸렸을 것입니다.

마지막으로 미처 준비가 안 된 질문을 받은 경우입니다. 회의 진행 시 예측하지 못한 질문을 받는다면 어떻게 해야 할까요? 자료도 없는 데다 정확한 수치까지 생각이 나지 않습니다. 물론 "추후에 확인해보겠습니다."라고 말한 후 다음에 보고해도 괜찮겠지만, 정확한 숫자가 아니더라도 대략적인 수치를 알고 있다면 바로 이야기하는 것이 좋습니다. 이로써 회의 진행과 의사결정이 신속해져 즉각적인 판단을 내릴 수 있기 때문입니다.

Q. 현재 기준으로 A모델 재고가 얼마나 있나요?

A. (갑자기? 650~750개 사이였는데) 대략 700개 수준입니다.

Q. 그렇군요. 1,000개 이하면 이번 프로젝트를 진행하는 데 큰 문제는 없겠어요.

이래서 회사에서는 '거친, 다듬어지지 않은'이라는 뜻의 '러프하게'라는 단어를 심심찮게 듣게 됩니다. 앞선 세 가지 상황이라면 숫자의 러프함을 믿고 자신 있게 보고해보길 바랍니다.

7

그래프는 숫자를 전달하는 가장 친절한 방법이다

FRI, 17:40

지난 3년간의 콘텐츠 제작비를 살펴보았는데요,
이번에 200만 원을 제안하는 게 적당할지 모르겠어요.

왜 그렇게 생각해요?

제작비로 150만 원 정도 썼을 때가 있어서 처음에는
꽤 아꼈다고 생각했거든요. 그런데 나중에 순이익을
계산해보면 적자였더라고요.

예산을 제안할 때는 고려해야 할 항목이 많아요.
사실 제어할 수 없는 변수도 많고요.
지난 3년간의 제작비와 영업이익, 순이익을
그래프로 표현해보면 어떨까요?

✻ 그래프의 기능을 명확히 정의하는 말을 찾던 중, 서울과학종합대학원 김진호 교수의 글 〈눈을 현혹하는 그래프 기법들 대신 숫자를 정확히 해석할 줄 알아야 한다〉를 발견했습니다.

아무리 좋은 데이터를 훌륭하게 분석했다 하더라도 전달이 제대로 되지 않으면 소용이 없다. '데이터는 스스로 말한다.'고 하는 건 오만이다. 경영진이 보고를 지루해하거나 이해할 수 없다면 그들이 분석 결과에 입각해 의사결정을 하거나 행동을 취할 가능성은 거의 없다. 그래서 우리는 데이터를 그림으로 만든 그래프로 그린다.

똑같은 숫자라도 시각화하면 정보 전달이 쉬워집니다. 이럴 때 사용하는 도구로 그래프, 프레임워크, 인포그래픽 등이 있는데요, 그중 가장 많이 사용하는 것은 그래프입니다. 특히 그래프는 두 개 이상의 값을 비교하거나 추세의 흐름을 파악하는 데 탁월하다는 이점이 있습니다. 표로만 수치를 정리할 경우 보고받는 사람 입장에서는 숫자를 하나하나 비교해야 해 번거롭습니다. 더욱이 추세는 사실상 표로 전달하는 것이 불가능합니다. 그래프는 이러한 특성의 정보들을 직관적으로 전달하는 데 도움을 주는 도구입니다.

그래프의 종류에는 대표적으로 막대형그래프, 꺾은선형그래프, 원형그래프, 분산형그래프가 있습니다. 업무에서 활용하는 그래프의 90% 이상이 이 네 가지 유형이므로 자료의 특성과 보고자의 목적에 맞게 선택해서 사용하면 됩니다. 숫자로 전체 대비 비율(비중)을 보여주고 싶을 때는 원형그래프를, 세부적인 분석 내용을 표현하고자 할 때는 분산형그래프를 사용합니다. 또한 막대형그래프와 꺾은선형그래프를 묶어서 콤보그래프로 숫자를 표현하기도 합니다.

그렇다면 각 그래프의 기능을 더 자세히 살펴볼까요. 우선 숫자 표현 시 사용 빈도가 가장 높고 가독성이 좋은 유형은 막대형그래프입니다. 항목 간의 비교가 주요한 목적으로 총 항목 수가 많지 않을 때는 '가로 막대형그래프'를 사용합니다. 반면 비교보다는 항목의 추세 등 변동 흐름을 표현하고 항목의 개수가 많을 때는 '세로 막대형그래프'를 선택하는 것이 유용합니다. 이와 마찬가지로 꺾은선형그래프를 활용해서 추세를 표현하기도 하는데요, 특히 장기간의 추세를 시각화해야 할 경우 가독성을 높일 수 있습니다.

업무에서는 두 종류의 그래프를 동시에 사용하는 상황도 자주 발생합니다. 그 이유는 상관관계가 있는 자료를 비교해주기 때문입니다. 이익과 이익률을 같이 표현하는 것이 대표적인 사례이며, 매출액과 시장점유율, 투자액과 투자증감률, 인구수와 인구밀도 등도 그렇습니다.

이처럼 그래프로 자료를 전달할 경우, 반드시 하나의 유형만 사용해야 하는 것은 아닙니다. 여러 개의 유형을 혼합해서 사용하거나 기존 형식을 변형해서 사용하는 것도 좋습니다. 다음 사례를 보며 표와 그래프를 함께 사용할 경우 어떤 이점이 있는지 살펴보겠습니다.

5월 둘째주 유가 추이(2022년)

	5월 9일	5월 10일	5월 11일	5월 12일	5월 13일	5월 14일	5월 15일
서울	1,988	2,001	2,005	2,008	2,012	2,014	2,015
전국	1,938	1,944	1,946	1,949	1,952	1,955	1,957

(단위: 원)

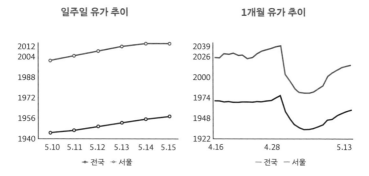

일주일 유가 추이	1개월 유가 추이

앞의 표로는 일주일 동안의 유가 흐름을 수치로 살펴보고, 그래프로는 상승인지 하락인지 직관적으로 파악할 수 있습니다. 전국 대비 서울의 양상을 비교하기에도 좋습니다. 추가로 한 달 동안의 유가 추이 그래프를 별첨한다면, 기간별 비교 지표로 쓰이기도 합니다.

가장 중요한 것은 자신이 전달하고자 하는 숫자를 어떤 그래프로 표현해야 상대방이 쉽게 이해할지 파악하는 것입니다. 한 번에 판단이 되지 않는다면, 우선 기본인 막대형그대프로 표현해보고 다른 그래프로 수정하거나 스타일을 변경하는 등 거듭 시도해보세요. 그래프의 기능과 목적만 기억하면 됩니다.

숫자 보고력

똑같은 숫자라도 시각화하면
정보 전달이 쉬워집니다. 특히 그래프의 경우
정보를 직관적으로 전달하는 데 도움을 주는
강력한 도구입니다.

숫자로 일하는 사람들에게

지금까지 업무에 임하는 자세부터 보고하는 행위까지 숫자의 중요성을 살펴보았습니다. 회사에서 누군가에게 어떤 정보를 전달했다면 그에 따라오는 질문은 숙명과도 같습니다. 설명이 완벽했거나 보고 자료를 꼼꼼하게 완성했다 하더라도, 그것을 확인하고 검증하는 차원에서 질문을 받을 수밖에 없습니다. 만약 전달 내용이나 표현에 약간이라도 부족한 점이 있다면 더더욱 피할 수 없겠죠.

그렇다면 여러분은 예상 질문을 고민해 답안을 생각해야 할까요? 보고하기도 전에 예상되는 모든 질문을 유추하는 건 매우 어렵습니다. 하지만 이를 '최소화'해보는 방법은 있습니다.

이러한 방법 중 첫 번째는 '망설임 없이 답변하는 것'입니다. 당당한 태도만으로도 질문한 내용에 대해 충분히 고민해보았다는 증거이기 때문입니다. 즉문즉답하는 태도는 신뢰감을 갖게 합니다. 이로 인해 숫자를 포함한 데이터의 전달이 효과적이고, 의심과 불안으로 인한 질문이 줄어듭니다.

두 번째는 '숫자를 사용해서 답변하는 것'입니다. 숫자 없는 답변은 계속해서 또 다른 질문을 유발합니다. 이에 대비하는 가장 좋은 방법은 예상 질문에 대한 답을 숫자로 준비해보는 것입니다. 중요한 수치를 틈틈이 기록해두면 도움이 됩니다.

질문은 대부분 기본적인 것부터 시작하기 마련입니다. 기본적인 질문에서 막히면 다음 단계로 넘어가지 못하고, 전하고자 했던 내용도 모두 전달할 수 없습니다. 10여 년 전쯤 보고하는 과정에서 질문에 답변하는 것을 어려워하는 저를 보고 어떤 선배님이 하신 말씀이 있습니다.

보고는 스무고개 놀이예요. 이 질문 언덕을 넘어야, 내가 전달하고자 하는 메시지를 지키며 전달할 수 있어요.

스무고개 질문은 기본적인 것에서 시작합니다. 가장 기초적인 숫자는 앞에서도 계속해서 강조한 '목표, 실적, 차이(문제)'입니다.

218

$$목표 - 실적 = 차이(문제)$$

$$\therefore \ 목표 = 실적 + 차이(문제)$$

이상적인 모습을 나타내는 목표와 실적은 기본 중의 기본이기 때문입니다. 실적에서는 현재·과거의 실적과 미래의 예상 실적 또는 경쟁기업이나 경쟁부서의 실적도 답할 수 있어야 합니다. 그리고 목표와 실적의 차이를 숫자로 이야기하는 것도 기본적인 내용입니다.

이렇게 기본적인 질문의 고개를 넘으면, 그 다음에는 '부정하는 질문'도 나올 수 있습니다. 이것이 과연 최적의 대안인지, 효과적인 다른 방안은 없는지, 비용을 더 줄이는 방안은 없는지 등 보고 내용을 의심하는 질문이 그렇습니다. 이때 자칫 당황해서 '내 검토가 잘못되었다고 생각하는 걸까?'라는 생각이 들 수도 있지만 불안해 할 필요는 없습니다. 단지 다른 대안을 모색함으로써 보고받은 내용이 최적의 방안인지를 '검증'해보는 단계라고 생각하면 좋습니다.

질문이 계속되더라도 숫자로 생각하고 표현하며 다양한 관점을 반영해 내용을 발전시켜나가다 보면 여러분의 메시지는 지금보다 훨씬 더 단단해질 것입니다.

숫자로 일한다는 것은 무엇일까요

회사에서 가장 많이 듣는 말이 무엇일까를 생각해보았습니다. 답은 어렵지 않게 떠올랐습니다.

"숫자로 표현해보세요."
"수치로 정량화해보세요."

입사하고 16년 동안 '숫자'에 대한 질문을 숱하게 받았습니다. 어쩌면 제가 숫자에 약하기 때문일 수도 있고, 제가 만난 상사가 유독 숫자에 강한 분이셨을 수도 있겠죠. 하지만 이런 이유를 차치하고도 업무의 시작과 끝에 빠짐없이 함께하는 것이 '숫자'라고 생각합니다. 저의 직무를 설명하는 것부터 비즈니스 현장에서 문제를 해결하고 의견을 전달하는 일련의 과정 가운데 숫자

없이 진행되는 일은 없으니까요.

입사 5년 차에 수에 밝고 숫자 감각이 뛰어난 직속 상사와 일할 수 있는 기회가 있었습니다. 당시 숫자 없이는 아무 일도 할 수 없다는 것을 깨닫고 얼마나 고개를 끄덕였는지 모릅니다. 모든 상황을 숫자로 이해하고 표현하는 상사를 경험하는 매일매일이 도전이었지만, 업무 역량의 성장 발판을 마련한 고마운 시기였다고 생각합니다.

사실, 숫자로 일하는 방법은 무한 개가 있습니다. 직장인 저마다 가진 노하우가 무궁무진하니까요. 이 책은 그중 제가 직접 경험한 네 가지 방법(숫자 사고력, 숫자 해석력, 숫자 구성력, 숫자 보고력)으로 채웠습니다. 그렇기에 책을 집필하는 것은 저 스스로 질문을 던지고 답을 찾는 과정의 연속이었습니다. '일할 때 왜 숫자가 필요할까?', '왜 숫자가 중요할까?', '숫자를 어떻게 활용해야 일을 단순하게 할 수 있을까?', '원하는 숫자를 만들려면 어떻게 해야 할까?', '어떻게 숫자를 해석해야 할까?', '어떻게 숫자를 전달해야 할까?' 등 숫자에 대한 고민은 점점 깊어졌습니다.

제가 사원이었을 때를 돌이켜볼 때마다, 이 책을 읽을 여러분은 제가 겪은 막막한 순간과 답답한 상황을 경험하지 않기를 바라는 마음이 점점 커졌습니다. 당시 제가 해결책을 쉽게 찾지 못했던 내용을 중심으로 이야기를 하나하나 채워보았습니다.

이 책이 출간될 수 있도록 기회를 주시고 자신의 책처럼 사랑해주신 인플루엔셜의 정희경 편집자님께 감사드리며, 끊임없는 성장을 위한 마중물을 부어주시는 박성욱 상무님께 감사의 인사를 전합니다. 직장생활을 포함한 제 삶에 큰 영감을 주시는 김한석 부사장님을 포함한 직장동료와 선후배님들께도 진심으로 감사의 말씀을 드립니다. 부족한 저에게 더없이 감사한 어머님과 넓은 마음으로 아껴주시는 장인어른과 장모님, 책 출간을 진심으로 응원해준 30년 지기 진현, 현호, 재철이 있어 무사히 책 작업을 마칠 수 있었습니다.

끝으로, 지칠 때나 힘들 때나 언제나 같은 자리에서 기운을 북돋워 주고 정신적 버팀목이 되어준 아내와 밝고 건강하게 자라주는 개구쟁이 아들에게도 감사와 사랑을 전하고 싶습니다.

참고 문헌 및 자료 출처

18쪽 우치다 오사무, 《품질 경영 테크닉 75》, 정원웅 옮김, 비즈니스맵, 104~105쪽
71쪽 이태복·최수연, 《지식의 저주, 너 왜 내 맘 모르니?》, 패러다임컨설팅, 2021, 156쪽
107쪽 사토 가츠아키, 《내가 미래를 앞서가는 이유》, 양필성 옮김, 스몰빅인사이트, 2016, 19쪽
124쪽 중앙SUNDAY 경제팀, 《경기예측사전》, 토네이도, 2010, 183쪽
202쪽 이동귀, 《너 이런 심리법칙 알아?》, 21세기북스, 2016, 246쪽
211쪽 김진호, 〈눈을 현혹하는 그래프 기법들 대신 숫자를 정확히 해석할 줄 알아야 한다〉, 《동아비즈니스리뷰》 196호, 2016.3

48쪽 현대자동차 홈페이지(https://www.hyundai.com/kr/ko/e/vehicles/grandeur/spec)
67쪽 위키백과(https://ko.wikipedia.org/wiki/망각_곡선)
109쪽 행정안전부, 주민등록 인구통계(https://jumin.mois.go.kr/)
110쪽 Google Ad Manager-게재 기본사항-계절성(https://support.google.com/admanager/answer/9544845?hl=ko&ref_topic=7506292)
123쪽 《World Happiness Report 2022》, 17~18쪽
133쪽 공정거래위원회-가맹사업거래-정보공개서 (https://franchise.ftc.go.kr/mnu/00013/program/userRqst/list.do)
150쪽 통계청-지출목적별 소비자물가지수(https://kostat.go.kr/)
163쪽 식품산업통계정보시스템-시장분석-트렌드 '트렌드픽 국내편-면류(라면)' (https://www.atfis.or.kr/home/board/FB0002.do?act=read&bpoId=4155&bcaId=0&pageIndex=2)
197쪽 KISDI 정보통신정책연구원, 《시장동향: 한국, 일본, 중국의 OTT 시장 매출액 및 가입자 현황》, 4쪽
198쪽 넷플릭스

숫자로 일하는 법

기획부터 보고까지, 일센스 10배 높이는 숫자 활용법

초판 1쇄 2022년 8월 8일
초판 5쇄 2022년 10월 10일

지은이 │ 노현태

발행인 │ 문태진
본부장 │ 서금선
편집 2팀 │ 임은선 이보람   교정 │ 조유진

기획편집팀 │ 한성수 임선아 허문선 최지인 이준환 송현경 이은지 백지윤   저작권팀 │ 정선주
마케팅팀 │ 김동준 이재성 문무현 김윤희 김혜민 김은지 이선호 조용환   디자인팀 │ 김현철 손성규
경영지원팀 │ 노강희 윤현성 정헌준 조샘 조희연 김기현 이하늘
강연팀 │ 장진항 조은빛 강유정 신유리 김수연

펴낸곳 │ ㈜인플루엔셜
출판신고 │ 2012년 5월 18일 제300-2012-1043호
주소 │ (06619) 서울특별시 서초구 서초대로 398 BnK디지털타워 11층
전화 │ 02)720-1034(기획편집) 02)720-1024(마케팅) 02)720-1042(강연섭외)
팩스 │ 02)720-1043   전자우편 │ books@influential.co.kr
홈페이지 │ www.influential.co.kr

ⓒ 노현태, 2022

ISBN 979-11-6834-047-3 (03320)